Miyamoto Musashi

Der sechste Ring

Die geheime Lehre des Samurai-Weges

Angkor Verlag

Weitere Kampfkunsttitel im Angkor Verlag

Reihe „Der Weg des Samurai“

Yamamoto Tsunetomo: *Hagakure* (Band 1)

Inazô Nitobe: *Bushidô* (Band 2)

Taira Shigesuke: *Bushidô Shoshinshû* (Band 3)

Issai Chozan: *Zen und Schwert* (Band 4)

Takuan Sôhô: *Zen und Kampfkunst* (Band 5)

Tsukahara Bokuden: *100 Regeln des Krieges* (Band 6)

Der sechste Ring. Die geheime Lehre des Samurai-Weges./Miyamoto, Musashi. Deutsch von Taro Yamada und Guido Keller. – Frankfurt: Angkor Verlag 2022.

Cover: Ray Rubeque

Website des Verlages: www.angkor-verlag.de

Printed in Germany

ISBN: 978-3-943839-71-5

(E-Book: 978-3-943839-72-2)

Inhalt

Nachdem er zunächst die *Enmei-ryû*-Schule begründet hatte, zeichnete Miyamoto Musashi (1584-1645) im Jahr 1605 das *Hyôdôkyô*, den „Spiegel des Kampfweges", auf. Die heute noch existierenden beiden Kopien waren an verschiedene Personen adressiert und enthielten einundzwanzig bzw. achtundzwanzig Artikel. Musashi schrieb sie später um und ergänzte sie um weitere. Es handelt sich um einen frühen Versuch, den Schwertkampf zu erläutern. Dabei sind einige Gemeinsamkeiten mit dem *Tôri-ryû*-Stil seines Adoptivvaters unverkennbar.

Das *Hyôhô Kakitsuke*[1] wurde 1638 als Übertragungsdokument für Musashis Schüler verfasst.

1641, zwei Jahre ehe er „Das Buch der fünf Ringe" *(Gorin no sho)* schrieb, verfasste Musashi gewissermaßen als Vorstufe die „35 Artikel[2] zur Kampfstrategie" *(Hyôhô[3] Sanjûgo Kajô)* auf Wunsch des Fürsten Hosokawa Tadatoshi (1586-1641), der sein Schüler geworden und dessen langjähriger Gast er war. Wie alle von Musashis Schriften war sie einst nicht für die Öffentlichkeit bestimmt.

Das *Hyôhô Shiju ni Kajô* ist beinahe identisch mit diesen 35 Artikeln, enthält aber noch weitere, die hier der Vollständigkeit halber übersetzt werden, auch wenn sie für Verwirrung sorgen könnten, denn die darin beschriebenen Stände unterscheiden sich von denen im „Buch der fünf Ringe“. Musashi vermachte den Text wohl Terao Motomenosuke, dem Bruder von Terao Magonojô, dem er das „Buch der fünf Ringe“ übergeben hatte. Möglicherweise stammen diese Ergänzungen auch von Motomenosuke selbst.

Das *Gohô no Tachimichi* war als Einleitung des „Buchs der fünf Ringe“ gedacht und auf Chinesisch *(kanbun)* verfasst, erschien Musashi aber wohl zu prahlerisch, weshalb er es letztlich wegließ. Sein Schüler Terao Kumenosuke benutzte es als Übertragungsdokument für die *Niten Ichi-ryû*-Schule, wie Musashi seinen Stil später nannte.

Der Spiegel des Kampfweges

Hyôdôkyô

I

Strategie und Positionierung

Wenn du in einen Kampf eintrittst, sollte dein Geisteszustand ruhiger als normal sein. Versuche, den gegnerischen Geist zu lesen. Wird die Stimme deines Gegners höher, weiten sich seine Augen, rötet sich sein Gesicht, zieht er Grimassen und schwellen seine Muskeln an, dann ist er unfähig und wird nur den Boden treffen. Bei einem so zweitklassigen Widersacher bewahre Gleichmut und beobachte seine Miene leidenschaftslos, um ihn nicht zu provozieren. Ergreife dann dein Schwert, lächle und nimm eine Stellung ein, die tiefer als der hohe Stand *(jôdan)* ist. Wenn er dich angreift, weiche kühl aus. Wirkt er von deiner ungewöhnlichen Einstellung etwas verstört, ist die Zeit für deinen Angriff gekommen.

Wenn dein Gegner ruhig ist, seine Augen verengt, der Körper entspannt, und wenn er sein Schwert so gelassen hält, als würden seine Finger über dem Griff schweben, dann nimm an, dass er ein Experte ist. Schlendere nicht sorglos in seiner Reichweite herum. Du musst die Initiative ergreifen und ihn gekonnt attackieren, zurückdrängen und in schneller Abfolge schlagen. Wenn du mit solch einem fähigen Krieger ungezwungen umgehst, wird er dich zurücktreiben. Es ist entscheidend, zu bestimmen, wie talentiert dein Kontrahent ist.

Was deine Positionierung angeht, gilt für geräumige wie beengte Verhältnisse das Gleiche. Trete so hervor, dass deine Schwertschwünge auf keiner Seite von Mauern behindert werden können. Nimm einen nahen Stand mit deinem Langschwert ein und schließe dann behände die Lücke zum Feind. Würde dein Schwert mit einem Hindernis kollidieren, wird dein Gegner dich ermutigt bedrängen. Wirkt dein Schwert, als würde es an der Decke kratzen, bestimme mit dessen Spitze die tatsächliche Höhe und sei dir ihrer fortan bewusst. Dafür kannst du jegliches Schwert benutzen, solange es nicht das ist, welches du für einen Angriff brauchst.

II

Der Blick

Richte deine Augen auf das gegnerische Gesicht. Konzentriere dich auf nichts anderes. Da sich sein Geisteszustand dort widerspiegelt, gibt es nichts Offenbarenderes als das Gesicht des Gegners. Man beobachtet es, als würde man durch Nebel auf die Bäume und Felsen einer Insel in vier Kilometern Entfernung schauen, oder als starre man durch Schneeregen auf Vögel, die sich in hundert Metern Entfernung auf einer Hütte niedergelassen haben. Man kann es auch mit einem dekorativen Holzbrett vergleichen, mit dem die Dachpfette eines Giebels oder die Ziegel einer Hütte bedeckt werden. Es ist ein Fehler, auf die Stelle zu schauen, die du attackieren willst. Bewege deinen Kopf nicht zur Seite. Täusche Unaufmerksamkeit vor, während du den gegnerischen Körper gleichzeitig wahrnimmst. Runzle die Brauen, wenn du starrst, aber lege nicht die Stirn in Falten. Dies wird einem schließlich durch intuitives Unterscheiden offenbart *(kyôgai betsuden*[4]*)*.

III

Das Schwert ergreifen

Deine Finger gleiten zunächst leicht über die Schwertgriffe, ehe insbesondere die Daumen fest zupacken. Dies gilt für die rechte wie die linke Hand. Die Schwerter werden so zusammengebracht, dass die Spitze des Kurzschwertes sich fünfzehn Zentimeter oberhalb und etwa achtzehn Zentimeter vor dem Stichblatt *(tsuba)* des Langschwertes befindet. Es ist nicht richtig, wenn die Ellbogen zu sehr gebeugt oder die Arme zu steif sind, denn dies wird die Bewegung einschränken. Am besten ist der rechte Ellbogen in einem Winkel von etwa sieben Zentimetern, der linke von etwa zehn Zentimetern. Auch die Handgelenke sollten nicht abgeknickt oder überdehnt sein. Jegliche Muskelsteife soll beseitigt werden. Wenn du dein Langschwert auf die rechte Weise ergreifst, kannst du den Gegner spontan treffen. Hierzu gibt es auch mündliche Unterweisungen.

IV

Distanz überbrücken

Wenn du dich dem Feind näherst, gilt die Position (nahe) der Schwertspitze als Vergangenheit *(kako)*, die Aufschlagfläche *(mono uchi)*[5] (des Mittelteils) der Klinge als Gegenwart *(genzai)* und die Kontaktstelle nahe des Griffes als Zukunft *(mirai)*. Nach dem Ziehen des Langschwertes ergreife die Initiative aus der Position der „Vergangenheit" und dringe vor, indem du deine Schwertspitze durch des Gegners „Gegenwart" führst und unmittelbar triffst. Von der „Vergangenheit" in die „Gegenwart" vorzudringen erreicht man, indem sich das eigene Schwert, das zuoberst bleibt, vom gegnerischen Schwert löst oder ihm ausweicht. Zaudere niemals, wenn du „Gegenwart" erreichst. Du wirst eher nicht treffen, wenn du mit der „Vergangenheit" zustößt, und wenn du zu sehr mit der „Gegenwart" schlägst, wirst du den Boden treffen *(chi-uchi)*. Kommst du aber noch näher, solltest du den Gegner packen können. Es ist entscheidend, die Distanz mit deinem gesamten Körper zu überbrücken.

V

Fußarbeit

Bewege dich mit den Füßen ohne Zögern heran, sobald du dein Schwert ziehst. Wenn du durch die „Gegenwart" des Widersachers gleitest, schlage mit dem Schwert in Harmonie mit deinen Füßen zu. Nachdem du das Langschwert gezogen hast, bewege dich und komme von rechts, wenn es schwierig ist anzugreifen. Denn wenn du dich nach links wendest, wirst du zu weit weg sein und nur wenig Spielraum zum Manövrieren haben. Wenn dein Feind beim Anblick deines Standes mit dem einsatzbereiten Langschwert sich nach links bewegt, folge ihm und nimm dann wieder deinen Stand ein. Übernimm sofort die Initiative, dränge ihn zurück und nutze das Überraschungsmoment. Wenn er verdutzt ist, wirst du klar die Stelle erkennen, wo du ihn treffen musst. Vernachlässige dabei nie deine Deckung. Schlage stark zu, ohne zu nahe zu kommen. Es ist wichtig, sich an die Umstände anzupassen.

VI

Haltung

Neige dein Gesicht ein wenig, ohne einen angespannten Stiernacken zu bekommen, und öffne deine Schultern. Drücke nicht die Brust heraus, aber deinen Bauch. Halte deinen Rücken natürlich gekrümmt und die Hüften stabil. Beuge die Knie leicht und trete fest mit deinen Fersen auf. Deine Zehen sollten sich leicht anfühlen und nach außen zeigen. Wenn du zuschlägst, halte dein Gesicht weiterhin in einem leichten Abwärtswinkel, spanne nun deinen Nacken an, drücke die Brust und den Rücken nach vorn, straffe deine Knie, hebe die Fersen an und stehe kräftig auf deinen Zehen. Triff, während du deinen linken Fuß anhebst. Vernachlässige nach deinem Schlag nicht die Deckung. Starre den Feind an. Sobald er seinen Kopf anhebt, schlage ihn nieder.

VII

Der verlängerte Schnitt (sashiai-giri)

Beim verlängerten Schnitt richte dein Langschwert auf das rechte Auge des Gegners, wobei sich eure Schwerter in „Vergangenheit“ kreuzen. Wenn er zuschlägt, ziehe deine Schultern aus dem Weg und weiche aus, indem du die Hände über den Kopf streckst, ohne Ellbogen und Handgelenke zu beugen. Während dein Langschwert noch über den Kopf erhoben ist, trete mit dem rechten Fuß vor und ziehe den linken Fuß schnell nach, gefolgt von einem großen Schritt mit dem rechten Bein, wenn der Feind zurückweicht. Nun ist das Langschwert unten und zeigt auf die Rückseite des linken Knies, das Kurzschwert auf sein Gesicht. Greift der Feind erneut an, blockiere seinen Schlag mit einem Treffer etwas unterhalb des Aufschlagpunktes *(mono-uchi)* deines Langschwertes nahe seinem Stichblatt. Schreite vor und platziere deinen linken Fuß unter seiner Leiste, während du deine gekreuzten Schwerter an seinem Hals verkeilst und ihn so niederzwingst. Er wird versuchen, über dich zu gelangen oder deine Schwerter zu ergreifen. Trete ihm mit dem linken Fuß in die Brust.

VIII

Sich vom Wechsel (tenpen no kurai) unabhängig machen

Beim Wechsel ist der Stand der gleiche wie für den verlängerten Schnitt. Vereine deine Schwerter in der „Vergangenheit" überkreuz *(mawari no tôri).* Schlägt der Gegner auf deine gekreuzten Schwerter, weiche aus, kreuze erneut oberhalb seiner „Gegenwart", um sein Schwert verkeilen zu können, und komme näher. Wenn er sich zurückbewegt, öffne zunächst deine Schwerter und folge ihm dann mit vor dir ausgestreckten und gekreuzten Klingen, die Spitzen auf den Feind gerichtet. Wenn er noch einmal mit aller Kraft auf deine Schwerter zu schlagen versucht, öffne sie und bewege das Langschwert weg. Sobald der Feind sein Schwert über den Kopf anhebt, halte mit der Linken dein Kurzschwert auf sein Gesicht gerichtet und bringe dein Langschwert kraftvoll über deiner linken Schulter zurück. Trete mit dem rechten Fuß vor, hebe dann den linken hoch nach vorn an und schneide dem Feind dabei horizontal in seinen Oberarm.

IX

Niederschlagen (uchi otosaruru)

Stand und Anfangstechnik des Niederschlagens entsprechen dem vorigen Beispiel. Deine Füße stehen in der Deckung zusammen, dann gehst du mit dem rechten Fuß vor, um das gegnerische Schwert in gekreuzter Position zu dominieren. Der Feind wird die ausgestreckten Schwerter mit Macht aus deinen Händen zu schlagen versuchen. Lasse sie ganz natürlich absinken, um auszuweichen, halte deinen Kopf vollkommen still, strecke dein Kurzschwert in der Linken vor und nehme einen Stand vorn links ein. Versucht der Feind deine linke Hand zu treffen, ziehe sie über deine rechte Schulter zurück, während du von unten mit deinem Langschwert auf den gegnerischen Arm schlägst als würdest du seine Attacke parieren. Dazu musst du entspannt sein.

X

Die Yin[6]-Haltung und der Stoßschnitt (katsu-totsu)

Bei der *Yin*-Haltung *(in no kurai)* trete mit dem linken Fuß leicht vor, der linke Arm ist ausgestreckt, die Spitze deines Kurzschwertes zeigt auf das linke Auge des Gegners. Halte dein Langschwert vertikal rechts in hoher Position und schlage es jenseits deines Kurzschwertes auf die Hände des Gegners.

Beim „Stoßschnitt" des *katsu-totsu*[7] sind beide Schwerter in niederer Position. Bewege deinen linken Fuß vor, während die Spitze deines Langschwertes auf den Feind zeigt und ihn die Rückseite der Klinge sehen lässt. Wenn er angreift, strecke deinen rechten Arm aus und schneide schnell von der Spitze her. Je schneller und härter, desto besser. Trete mit deinem rechten Fuß vor, wenn du zuschlägst. Wenn die Distanz zu groß ist, um einen Stoßschnitt folgen zu lassen, ziehe den hinteren Fuß hoch, um die Lücke zu schließen. Wenn die Entfernung zum Gegner stimmt, wechsle die Füße bei deinen Attacken ab. Bist du dicht am Feind, zieh deinen rechten Fuß zurück, wenn du *katsu-totsu* aus der gleichen Position ausführst. Falls du ein kürzeres Langschwert benutzt, wehre den Schlag des Feindes ab und schlage dann zu. *Katsu-totsu* ist unwirksam, wenn die Distanz zu gering ist. Sei dann darauf vorbereitet, dem Feind in die Brust zu stoßen.

XI

Die Yang[8]-Haltung und das Ausweichen

Bei der *Yang*-Haltung *(yô no kurai)* bewege dein Schwert in Übereinstimmung mit dem gegnerischen Stand und bilde mit dessen Schwert ein Kreuz, während du deinen rechten Arm wie im linksseitigen Stand *(hidari-wakigamae)* ausstreckst. Wenn der Gegner von über dem Kopf zuschlägt, schneide ihm von unten mit dem Langschwert in die Hände. Es ist besser, wenn das Langschwert in den hohen *jôdan*-Stand schneidet. Dränge von deinem rechten Fuß aus vorwärts und richte deine Hand nach rechts, wenn du zuschlägst.

Ausweichen *(nuku)* bedeutet, dieselbe Schlagfolge wie der Feind anzuwenden, wenn er von oben dein Langschwert niederzwingen will und du von unten her schlägst. Deute an, mit gleicher Kraft zu treffen, wehre seinen Schlag aber eher zur Seite ab, als ihn zu blocken, schwinge dein Langschwert unter Ausnutzung dieses Drehmomentes und triff ihn links an seinem Hals. Greift der Feind nicht kraftvoll an, muss man diese Technik nicht anwenden. Wenn doch, dann ist wichtig, die linke Hand oben über der rechten zu kreuzen, bevor du von unten in seine Hände schneidest.

XII

Leicht schlagen und anrücken (haru-tsumori)

Beim *haru-tsumori* nähert man sich dem Punkt der „Gegenwart“ mit der Spitze des Langschwertes. Strecke deine Arme aus und halte das Langschwert auf deiner linken Seite, die Spitze nach hinten, und drehe die rechte Seite deines Körpers vorwärts. Drehe dann deine rechte Hand ein und schlage diagonal und entspannt aufwärts. Greift der Gegner kraftvoll an, wehre ebenso kraftvoll mit deinem Langschwert ab, behalte die gleiche Fußarbeit, Körperbewegung und Schlagfolge bei und demonstriere deine Bereitschaft, mit deinem Langschwert eine mächtige Attacke ebenso mächtig zu erwidern. Wenn der Gegner mehr Kraft in seinen Schlag von oben legt, wehre diesen ab und schneide ihm in den Hals. Dies ist nicht wirksam, wenn du zu nahe bist. Wenn der Feind schnell angreift, stoße von unten zu, wie um den Schlag abzuwenden, strecke dich aber dann vor, um seine Hände zu treffen.

XIII

Jôkatô

Hierbei sind der linke Fuß und die linke Körperseite etwas nach vorn gerichtet, wobei sich die Spitze deines Kurzschwertes mit der des gegnerischen Langschwertes am Punkt der „Vergangenheit“ trifft. Dies ist die feste Position zum Schlagen *(jôkatô)*. Drücke die Spitze deines Langschwertes vor und kreuze es vor dem Körper mit dem Kurzschwert, wobei du die Brust öffnest, um größer zu werden. Beuge deine Ellbogen, als wolltest du einen Baum umarmen, knicke aber nicht deine Handgelenke ab. Wenn der Feind auf deine Schwerter schlägt, trete mit dem linken Fuß vor und wende deine rechte Hand, um aufwärts in die Hände des Feindes zu schneiden. Dann trete mit dem rechten Fuß vor, während du das Langschwert niederschnellen lässt, um seinen Hals zu treffen. Mit dem Aufwärtsschnitt strecke deinen rechten Arm aus, mit der Abwehr hebe deinen rechten Fuß an und mit dem Abwärtshieb stampfe auf dem Boden auf.

XIV

Die Initiative übernehmen

Es gibt zahlreiche Wege, einen Angriff zu initiieren. Hält der Gegner sein Schwert in der mittleren oder tiefen Position, nimm den *Yin*-Stand *in no kurai* ein und bestürme dann sogleich den Feind mit dem starken Entschluss, ihn zu treffen. Dabei schwenkst du leicht dein Langschwert und machst mit deinen Füßen Geräusche, während du an den Punkt vordringst, wo „Vergangenheit“ auf „Vergangenheit“ trifft. Durch diesen Mut wird der Feind zurückgedrängt. Bei seinem Rückzug nähere dich ich ihm weiter an. Wenn er in der hohen Stellung bereit ist, nimm die tiefere Stellung ein und nähere dich von deinem linken Fuß aus, was ihm deine Eile signalisiert. Wenn du ihm zeigst, dass du seinen Hals treffen willst, wird er in Panik geraten. Normalerweise nimmst du dann die Position ein, wo sich die Schwertspitzen treffen (*sashi-ai-giri*). Trifft „Vergangenheit“ auf „Vergangenheit“, hebe deinen hinteren Fuß an und bereite dich auf einen Abwärtsschlag vor, indem du dein Langschwert um 30 Zentimeter anhebst und auf seinen Hals zielst, um ihn zurückzudrängen. Du kannst mit jedem Schwert die Initiative übernehmen. Tue nicht das, was er erwartet. Überrasche ihn, indem du den Rhythmus änderst und die Initiative übernimmst. Halte ein, wenn du spürst, dass er weiß, was du tun willst.

XV

Wechselndes Auf- und Abschlagen (kissaki-gaeshi)

Beim *kissaki-gaeshi* gelangt die Spitze deines Langschwertes in die „Gegenwart“, den mittleren Teil der gegnerischen Klinge. Bringe deine Füße zusammen und ziele auf den Punkt, während du das Schwert zur entgegengesetzten Schlagkurve wechselst. Wenn dein Ziel klar ist und dein Gegner nahe, wende die Klinge unverzüglich mit einer kleinen Bewegung. Wenn du ein bisschen zu weit weg bist, bereite dich darauf vor, deine Hände schnell zu drehen, während du ausatmest, und dringe kräftig mit Körper und Beinen nach vorn mit dem Ziel, durch einen Abwärtshieb seine Hände zu treffen.

Sollte der Feind dich angreifen, ziehe deine Hand auf die rechte Seite zurück, um auszuweichen, und bereite gleichzeitig den Gegenangriff vor. Schwinge dein Langschwert mit einer weiten Bewegung, während du mit dem Kurzschwert blockst, und mache mit dem rechten Fuß einen großen Schritt vor, um seinen linken Fuß zu kontrollieren und dabei auf seinen Hals zu schlagen. Danach wird die Klinge vertikal durch seinen Nasenrücken geschwungen. Nach diesem Schlag trete zurück und nimm den *Yang*-Stand des *yô no kurai* ein. Das Gefühl, den Gegner weiter aufschlitzen zu wollen, bleibt bestehen. Dies kann man nicht mit Worten übermitteln.

XVI

Die Beine schlagen

Es gibt drei Wege, die gegnerischen Beine zu schlagen. Befindet er sich in der tiefen Stellung zur Rechten, halte dein Langschwert etwas höher und bewege es so, als wolltest du es an deine linke Schulter bringen. Erreicht die Spitze deines Langschwertes den Punkt der „Gegenwart“, bewege schnell deine Füße und dringe tief vor, um ihn zu schlagen, wenn er zurückweicht. Schau niemals auf deine Füße und gib nie die anvisierte Stelle preis, bevor du so rasch wie möglich mit *kissaki-gaeshi* zuschlägst. Wehre seinen Angriff mit dem Kurzschwert ab, während du ihn triffst. Hält der Gegner sein Schwert hoch, nimm ebenfalls den hohen Stand ein, schau hinauf und bewege dich schnell zur Position der „Gegenwart“, um auf seine Beine schlagen zu können. Ziehe dich sogleich in *yô no kurai* zurück, ob du ihn getroffen hast oder nicht, um dann mit *kissagi-gaeshi* antworten zu können, wenn er von oben herab zuschlägt. Haut der Feind von oberhalb des mittleren Standes zu, wende die Klinge deines Langschwertes, beuge den Ellbogen und bringe es an deine rechte Seite, bereit für *kissaki-gaeshi*, schlage aber dann auf seine Beine. Wenn er von oben her blockt, schlage erneut auf seine Beine, während du zurücktrittst in eine Position etwas oberhalb der Mitte, aber stets bereit, *kissaki-gaeshi* auszuführen.

XVII

Die Arme schlagen

Hat der Feind einen Stand eingenommen, wo sein Schwert nach vorn in einer tieferen Position als *chûdan* zur Rechten ausgerichtet ist, senke die Spitze deines Langschwertes und schreite von „Vergangenheit“ zu „Gegenwart“ voran. Dann schlage schwungvoll auf seine Hände. Wenn der Schnitt durchgeht, sollte er nicht mehr als 30 Zentimeter eindringen, ehe mit *kissaki-gaeshi* vom Scheitelpunkt aus kräftig und schnell weitergeschlagen wird. Je kürzer und stärker der Schlag ist, desto besser. Befindet sich seine Klinge links, senke deine Hände, kreuze deine Schwerter und drücke sie an die des Gegners. Schneide in die Fingernägel seiner rechten Hand, indem du das Langschwert 30 Zentimeter aufwärts bewegst. Ist der Feind schnell, mache einen seitlichen Kreuzhieb. Schlage im Zweierrhythmus *(ni no koshi o motte)* zu, wenn seine Technik beendet ist. Dabei ist es wichtig, geschwind vorzugehen und keine Lücken zu zeigen *(suki-naki)*.

XVIII

Die Schwertspitze lösen

Die Schwertspitze löst man durch das Bewegen von Schultern und Händen. Doch die Hände sollten nicht zu aktiv sein. Linksseitiges Lösen geschieht mit einer raschen Bewegung. Rechtsseitig strecke dich etwas in die Höhe und kehre dann zu deinem Stand zurück. Schreite mit dem rechten Fuß aus, wenn du mit der linken Hand loslöst, und mit dem linken Fuß, wenn du mit der rechten Hand loslöst. Sobald dies geschehen ist, schlage auf die Arme des Gegners, ohne ihm eine Chance für einen Angriff zu lassen. Es ist nicht gut, sich beim Schneiden zur Seite zu drehen.

XIX

Das „Reiten"

„Reiten" bedeutet nicht nur, mit den eigenen Schwertern über die des Gegners zu gleiten. Es ist auch nicht nur eine Angelegenheit von Armen, Ellbogen, Schultern, Hüfte oder Füßen. Es bedeutet vielmehr, bei der Attacke eines Gegners ihn sofort mit dem ganzen Körper *(go-tai ichido ni)* zu umschließen, indem du von der Schwertspitze bis zu den Zehenspitzen hineinreitest. Sobald er sein Schwert bewegt, reitest du ohne Zögern heran. Wenn der Punkt der „Gegenwart" hinter dir liegt, reite weiter in ihn hinein, ohne zurückzuweichen, selbst wenn sich eure Schwerter nicht treffen. Bewege dich etwas schneller als beim Gehen und dominiere den Gegner ohne Hemmung. Wenn er blinzelt, schlage sofort auf seine Hände.

XX

Schlurfende Füße (suriashi)

Schlurfende Füße *(suriashi)* wendet man an, wenn der Gegner selbstgefällig ist und im mittleren Stand oder ähnlichem beide Hände an seinem Schwert hat. Wenn du dein Langschwert ziehst, schreite etwas mit deinem linken Fuß aus, bringe deine Hände leicht zusammen, stabilisiere die Hüften und erwarte den Gegner frontal. Greift er an, schreite ein bisschen mehr mit deinem linken Fuß aus und dringe dann plötzlich mit dem rechten Fuß vor, indem du dein linkes Knie beugst und so deinen Körper absenkst, wobei du seinen Schlag mit einem Aufwärtshieb zu seinen Händen erwiderst. Dies muss mit der nötigen Kraft geschehen. Zögere nicht einen Augenblick.

XXI

Das Schwert der Wahrheit (shin no kurai)

Mit *shin no kurai*, dem Schwert der Wahrheit, schneidet man den Gegner aus der „Vergangenheit-Vergangenheit"-Position, wenn er zwei Schwerter benutzt. Schreite mit dem linken Fuß aus, während du dein rechtes Knie beugst, und schwinge mit *jôkatô* aus dem rechtsseitigen Stand. Wechsle die Füße, während du die Distanz ermisst. Nimm den linksseitigen Stand von *yô no kurai* ein und bewege dich weiter heran, um das Schwert des Gegners abzulenken, oder wechsle zu *katsu-totsu*, während du mit deinem linken Fuß ausschreitest, und wiederhole die Hieb-und-Stech-Bewegung. Stelle sicher, dass deine Schläge kräftig und fortdauernd sind. Entscheidend ist, dass du die Initiative übernimmst. Wichtig ist auch, ein Auge auf das Kurzschwert des Gegners zu richten und nicht einen Schlag davon zu verpassen. Wenn es seitliche Einschränkungen gibt, schreite mit dem linken Fuß aus, strecke dich, führe dabei *katsu-totsu* aus und schlage so oft zu wie möglich.

XXII

Die zwei Schwerter der Existenz und Nicht-Existenz (umu no niken)

Beim *umu no niken* wird das Kurzschwert höher gehalten, die Spitze ist auf den Feind gerichtet, und das Langschwert ruht auf dem linken Knie. Greift der Feind an, schneide von unten mit dem Langschwert in seine Hände, während du von oben mit dem Kurzschwert zuschlägst. Schützt der Gegner sich beim Rückzug nicht oben, sondern versucht deine rechte Hand unten zu treffen, schlage ihn mit dem Kurzschwert. Ist er aber mit deinem Kurzschwert beschäftigt, schlage mit deinem Langschwert aufwärts nach seinen Händen. Geh nicht zu dicht heran. Schreite mit dem linken Fuß aus, während dein rechter etwa 20 Zentimeter seitlich verbleibt. Ist es räumlich beengt, lasse deinen linken Fuß, wo er ist, und schreite mit dem rechten aus, während du dieses Drehmoment zum Schneiden nutzt.

XXIII

Das Schwert werfen (shuriken)[9]

Lege deinen Zeigefinger auf den Rücken des Kurzschwertes, wenn du *shuriken* ausführst. Halte dein Handgelenk stabil und deine Schultern entspannt, wirf dann die Klinge, indem du auf einen Punkt am Feind, auf den sich deine Augen richten, zielst. Weil du mit der Absicht zu Schneiden wirfst, fliegt das Schwert richtig. Wenn du nahe bist, wirf es leichter, mit etwas nach oben gerichteter Spitze. Bei größerer Entfernung von zwei Metern hebe die Schwertspitze vor dem Wurf etwa 15 Zentimeter an, bei drei Metern Distanz 30 Zentimeter, bei knapp vier Metern Abstand 45 Zentimeter. Es ist kein Problem, wenn sich die Spitze höher als der Zielpunkt befindet. Das Gegenteil ist der Fall, sie darf nicht tiefer sein. Wenn du zu viel Kraft anwendest, wird die Spitze sich absenken und den Feind nicht empfindlich verletzen. Nimm also nicht all deine Kräfte vor einem solchen Wurf zusammen. Schaue auf und drücke deine Brust heraus, während du ausschreitest. Je mehr Gewicht auf deinem hinteren Fuß liegt, desto besser. Vollziehe ein oder zwei Übungsschwünge, während du *Ei! Ei!* rufst, dann spanne deinen Körper wie eine Feder, indem du tief einatmest und schließlich mit einem *Totsu!*-Schrei loslässt. Wirf nicht, während du *Ei!* rufst. Übe dies sorgfältig.

XXIV

Der Kampf gegen mehrere Gegner

Stehst du mehreren Feinden gegenüber, stelle sicher, dass du alle auf einmal sehen kannst, und schreite leicht mit dem linken Fuß aus. Attackiere rasch denjenigen, der am stärksten wirkt, und schlage ihn als ersten nieder. Dein Stand sollte so sein, dass dein Kurzschwert nach hinten links zeigt und dein Langschwert nach hinten rechts. Mit beiden Händen hinten erweitere deine Stellung, indem du mit Brust und Füßen vorwärts drängst, während sich die Spitzen deiner Schwerter hinter dir fast berühren. Sobald der Feind in Reichweite ist, schreite mit dem rechten Fuß aus und stoße beide Schwerter in Richtung der gegnerischen Augen, wobei die Hand mit dem Langschwert erst hoch und dann hinunter schwingt. Schreite dann mit dem linken Fuß aus und nimm die Ausgangshaltung ein. Drücke deine Brust so weit wie möglich heraus, wenn du die Schwerter schwingst. Du solltest die Feinde zu deiner Linken entscheidend treffen können. Schwinge die Schwerter nicht zu sehr, ergreife jedoch die Initiative.

XXV

Die Hand (jitte)[10] *nehmen*

Um einen Feind festzunehmen, der sich verschanzt hat, begebe dich zum Haupteingang und untersuche jede Seite davon durch einen Stoß mit dem Speer *(yari)*. Halte deine beiden Schwerter im mittleren Stand zusammen und bedecke die Scheide des Kurzschwertes mit einem Stück Stoff. Trete mit dem linken Fuß vor und nimm deinen Stand ein. Wenn du das Haus betrittst, soll ein Gehilfe zu deiner Linken mit einem Speer nach dem Gesicht des Feindes stechen. Dieser wird dann versuchen, ihn verzweifelt abzuwehren und dabei seine Haltung verlieren. Nimm einen erhöhten mittleren Stand mit deinem Schwert ein und blocke seine Versuche, während du dein Kurzschwert entblößt. Halte dessen Klinge mit dem Rücken deines Langschwertes zusammen, während du ihn zurückdrängst. Stoße auf seine Brust und ziehe sein Kurzschwert *(wakizashi)* heraus. Dann lass die Kurzschwerter fallen und ergreife seine rechte Hand mit deiner Linken, bevor er irgendetwas tun kann. Kontrolliere unverzüglich sein Handgelenk, bringe dein Langschwert unter seine rechte Seite, drücke auf seine Brust und seinen Arm, um ihn niederzuringen, und trete auf sein Handgelenk und seine Schwertscheide. Fessle ihn ohne Verzögerung. Lasse weiter den Speer in sein Gesicht pressen, bis er völlig unterworfen ist.

XXVI

Schwerter unterschiedlicher Länge und Schwerthaltungen

Wenn der Abstand zum Feind ein bis zwei Meter beträgt, schlage direkt mit deinem Kurzschwert zu. Ist er größer, ziehe zunächst das Kurzschwert mit deiner rechten Hand und wechsle es schnell in die linke. Ziehe dann das Langschwert wie im linksseitigen Stand mit gesenktem Schwert (*yô no kurai*). Attackiert der Feind zuerst, halte dich nicht mit dem Langschwert auf. Schlage sofort mit dem Kurzschwert auf seine Hand, damit er selbst nicht ziehen kann. Attackiert der Feind nicht, ziehe deine beiden Schwerter, wie es dir beliebt. Wenn dein *wakizashi* etwas kleiner ist und leicht mit der Linken gezogen werden kann, kannst du auch gelassen zuerst dein Langschwert ziehen und einen hohen Stand einnehmen, denn das macht es dem Feind schwer, sich zu nähern.

Angemessene Schwerthaltungen sind: Bei einem entschlossenen Angriff des Gegners linksdiagonal stehen und mit erhobenen Händen über Kreuz blocken; bei einem Angriff mit erhobenem Schwert die tiefe oder mittlere Stellung mit nach vorn gestreckten Händen einnehmen; bei *katsu-totsu* die mittlere Stellung mit einer vorgestreckten Hand oder die hohe Stellung mit einer Hand zur Linken einnehmen; bei einem Angriff mit gesenktem Schwert eine hohe Stellung mit beiden Händen einnehmen.

Unangemessene Schwerthaltungen sind: Bei einem entschlossenen Angriff des Gegners rechts-diagonal stehen *(migisha)* oder einhändig hoch; bei einem Angriff mit erhobenem Schwert links- oder rechtsdiagonal und mit einer erhobenen Hand stehen; bei *katsu-totsu* linksdiagonale, rechtsseitig einhändige hohe Stellungen sowie auch ein einhändig tiefer Stand; bei einem Angriff mit gesenktem Schwert links-diagonale, rechts-diagonale und einhändig hohe und tiefe Stände.

XXVII

Der vollendete Ein-Schwert-Schlag (zegoku-ittô)

Der vollendete Ein-Schwert-Schlag wird angewendet, wenn du nur ein Schwert blankgezogen hast. Ist dein Gegner talentiert und gibt sich kaum eine Blöße, nimm dein Schwert an die Seite zurück und lasse dadurch viel Raum. Schreite mit dem rechten Fuß aus, schwinge ein oder zwei Mal dein Schwert und ziehe dich zurück, wenn du Kontakt hast. Lass deinen linken Fuß, wo er ist, und achte auf Lücken, die beim Angriff deines Gegners infolge deiner Provokation entstehen. Schlage so hart wie möglich mit dem Langschwert auf die „Vergangenheit" und ziehe geschwind dein Kurzschwert, um seine Hand zu schneiden, wenn er zu blocken versucht. Je kürzer das Kurzschwert, desto besser, dicht heran zu kommen, weil man es dann leichter mit der linken Hand ziehen kann. Es bleibt nur diese Möglichkeit, die dich zum Sieg führt. Darum nennt man dies die vollendete Technik.

XXVIII

Über den direkten Weg (jikitsû[11] *no kurai)*

Der direkte Weg ist die Seele des Kampfes. Alle meine bisher dargestellten Lehren sind wie die Teile des menschlichen Körpers – nichts sonst ist vonnöten. Bei manchen Gelegenheiten werden einige Techniken unangebracht sein, doch für das Gesamtverständnis meiner Kampflehre sind sie wesentlich. Augen, Ohren, Nase, Zunge, Hände und Füße bilden unseren Körper. Wenn eines von ihnen fehlt, sind wir nicht vollständig. Die Schwerttechniken, die ich darstellte, müssen alle erinnert und intuitiv angewendet werden. Ohne den Geist und die Seele des direkten Weges führen sie nur zur Verrücktheit.

Sei dir sicher, stets die Initiative zu ergreifen und den Feind anzugreifen. So wirst du die Stellen erkennen, auf die du abzielen solltest. Du musst bestimmen, welche Techniken oder Deckungen wirksam sind und welche nicht, je nach Situation. Wäge ab, wie der Abstand zu verringern ist, und erreiche deinen Zielpunkt dann mit konzentriertem Entschluss und ohne Abweichen. Selbst wenn du die ganze Welt abwehren müsstest, darf der Flug deines Schwertes nicht von seinem Pfad abweichen. Entledige dich der Furcht. Wenn du den Zeitpunkt für den einen entscheidenden Schlag des *jikitsû* erkennst, lass die Kraft durch dich hindurchfließen, um den Schnitt anzubringen. So ist es auch, wenn du in den Nahbereich des Feindes vordringst, um ihn festzunehmen. Rücke schnell vor und denke an nichts anderes, als ihn zu unterwerfen. Je näher du herankommst, desto besser. Ohne diesen Geist des direkten Weges werden deine Schwerter ohne Leben sein. Selbst Rückzug gilt als Verlust. Wenn wir vom „Inneren" sprechen, dann gibt es keine tieferen Prinzipien als diese.

Nichts ist grundlegender als dieses Tor. Der bedeutende Mönch Kûkai[12] reiste tief in die Berge und wollte zunächst auf dem Berg Kôya ein Kloster errichten. Weil er es für nicht abgelegen genug hielt, zog er weiter, stieß jedoch auf Ansiedlungen. Er sagte: „Je weiter ich vordrang, desto näher kam ich an menschliche Behausungen heran. Ich hatte mich zu weit vorgewagt." (Er war durchs Innere wieder ans Äußere gelangt.) Das Innere ist nicht das Innere. Das Tor ist nicht das Tor. Du musst keine besonderen, geheimen inneren Lehren suchen, wenn die große Weisheit der Kampfstrategie deine Sehnen und Venen durchströmt. Stelle einfach sicher, dass vor und hinter dir keiner dir etwas anhaben kann. Dies wird außerhalb schriftlicher oder mündlicher Lehren übermittelt *(kyôgai betsuden)*.

Nachdem ich im zehnten Monat des Jahres 1604 die Lehren meines Meisters Munisai gemeistert hatte, beschloss ich, die oben stehenden 28 Artikel als klaren Spiegel meines Bewusstseins zu hinterlassen. Ich nenne sie *Hyôdôkyô*, Spiegel des Kampfweges. Sie sollen meinen Schülern die feinen Techniken vermachen und als Beweis ihrer Fähigkeiten *(menkyo kaiden)* dienen. Diese unvergleichliche Kampfstrategie von Vergangenheit und Gegenwart wird in ununterbrochener Linie über zukünftige Generationen fortdauern. Darum habe ich die verborgenen Lehren meiner Schule dokumentiert. Dies macht mein Buch mit geheimem Wissen so einzigartig. Selbst wenn jemand eine Lizenz von mir in seinen Händen hielte, ist es ihm verboten, die Techniken meiner Schule in Zweikämpfen anzuwenden, wenn er nicht auch diese Schriftrolle besitzt. Denn wie könnte jemand siegen, der nicht diese 28 Artikel aufgesogen hätte? Ochiai Chûemon ist ein herausragendes Beispiel. Er studiert hingebungsvoll meine Lehre und teilt selbst mit Nahestehenden nicht das Wissen des *Enmei-ryû*[13]-Stils. Ich vermache ihm hiermit diese Schriftrolle authentischer Verwirklichung des höchsten Grades von Meisterschaft im *Enmei-ryû*. Dies sind wahrlich die geheimen Lehren.

Enmei-ryû, Meister des Reiches (tenka ichi[14]*)*
Miyamoto Musashi no kami Fujiwara Yoshikaru
Am Glück verheißenden Tag des zwölften Monats 1605

Notizen zur Kampfstrategie

Hyôhô Kakitsuke

Ich habe mich intensiv auf das Studium der Kampfstrategie konzentriert und gebe hier das Wesentliche von dem weiter, was ich gelernt habe. Ich beschränke mich auf Dinge, die mir in den Sinn kommen, zumal es sowieso keine einfache Aufgabe ist, diesen Weg schriftlich zu erläutern. Falls du dir unsicher bist bezüglich der Methode und Form, ein Schwert zu führen, lies dir bitte das Folgende gut durch.

I

Die geistige Einstellung

Die rechte Denkart eines Kriegers besteht darin, immerfort über Strategien nachzusinnen, ob er nun steht oder sitzt, allein ist oder mit anderen zusammen. Stelle dir vor, dass du anderen niemals unterliegen mögest, und handle mit einem geradlinigen und weiten Herzen gemäß den Umständen. Erkenne die Absichten anderer, ohne dass sie deine durchschauen. Konzentriere dich nicht nur auf eine Sache, sondern sei dir Stärken und Schwächen bewusst, Tiefem und Oberflächlichem, und überlasse nichts dem Unerwarteten. Solch eine Einstellung bewahre in normalen Zeiten wie auch, wenn du dem Feind begegnest, ohne zu voreiligen Schlüssen zu gelangen. Sei dir aller Dinge bewusst, wisse um das Gute wie das Üble. Dies ist die geistige Einstellung der Kampfstrategie.

II

Der Blick

Was die Blickrichtung angeht, so gibt es die Innen- wie die Außenschau (jap. *kan* bzw. *ken*). Schau dir das Gesicht des Feindes genau an, um seine Absichten zu erkennen. Ob du ihm nah bist oder nicht, beobachte es wie aus der Entfernung. Kneife die Augen mehr als üblich zusammen und bewege deine Augäpfel nicht, so kannst du alle Bewegungen seiner Hände und Füße sehen und was an seiner rechten und linken Seite geschieht. Die Außenschau ist freundlich, die Innenschau blickt ins Innere des Herzens. So wirst du gut erkennen, dass sich seine Gesinnung in seiner Miene zeigt.

III

Die Haltung

Nimm eine Haltung ein, in der dein Körper groß wirkt. Dein Gesichtsausdruck sollte warmherzig und faltenfrei sein. Den Nacken spanne leicht an, deine Schultern sollten jedoch weder gestreckt sein noch nach vorn fallen. Drücke deine Brust nicht heraus, lass aber deinen Bauch herausragen, ohne die Hüften zu beugen. Deine Beine sollten nicht an den Knien einknicken, dein Körper keine Krümmung zeigen. Versuche stets, diese Kampfhaltung zu bewahren, so dass du sie nicht ändern musst, wenn der Feind sich dir nähert.

IV

Das Ergreifen des Schwertes

Wenn du das Schwert ergreifst, sollen die Spitzen deines Zeigefingers und Daumens es berühren, wobei der Zeigefinger sich so leicht anfühlt, als würde er schweben. Das Daumengelenk sollte am Griff angelegt sein, der Mittelfinger etwas fester zufassen, Ring- und kleiner Finger am stärksten. Die Gabel, die von Daumen und Zeigefinger gebildet wird, klebt nicht fest am Griff, sondern ist in einer Linie mit dem Schwertrücken. Die Handgelenke sollen beweglich und locker sein, nicht verbogen. Der Griff soll so umfasst werden, dass die Finger nicht das Stichblatt *(tsuba)* berühren; genauso wenig soll das untere Ende des Griffes berührt werden. Dies gilt für die rechte wie die linke Hand.

V

Die Fußarbeit

Die Zehenspitzen sollen leichtgewichtig gleiten, die Fersen kräftig auftreten. Vermieden werden soll, was als Hüpfen, Schweben, Stampfen, Ziehen und Wippen der Füße bekannt ist. Sie alle taugen nichts, denn du musst dich ungehindert sowohl in Flüssen als auch auf steinigem und gebirgigem Untergrund bewegen können. Die Fußarbeit sollte sich nicht verändern, ob man angreift oder abwehrt. Wenn man den Feind bei seiner Vorbereitung des Angriffs beobachtet, ist es wichtig, bei der eigenen Attacke mit dem rechten Fuß aufzustampfen. Vermeide einen zu breiten Stand, bei dem ein Fuß zu weit hinten ist. Der linke Fuß folgt dann.

VI

Die fünf Schwertstände

1. Der mittlere Stand *(enyoku)*[15]

Enyoku, der mittlere Stand, ist der grundlegende, der sich gegen alle Schwertangriffe eignet. Die Position des Langschwertes hängt vom Gegner und den Umständen ab. Die Ränder sowohl des rechten wie des linken Schwertes sollten nicht nach unten oder zur Seite zeigen. Um den Feind auf Abstand zu halten, hebe die Spitze des Langschwertes an und strecke es vor. Wenn du näher kommen willst, senke die Spitze etwas und ziehe das Schwert näher an deinen Körper heran. Willst du deinen Feind zu einem Angriff verleiten, senke die Schwerter, halte sie aber auf gleicher Höhe. Stoße vor. Wenn der Feind zum Schlag ansetzt, ziehe dein Langschwert mit nach unten gerichteter Klinge zum Nabel zurück. Das Ziel des Stoßes sind Gesicht und Brust. Löse dich vom Schwert des Gegners und ergreife ihn mit den Händen.

Es gibt drei Abfolgen für Gegenschwünge deines Schwertes *(kissaki-gaeshi)*. Kommt der Angriff mit einem leichten Schlag, schwinge die Klinge in einer einzigen Bewegung herum. Ist es ein starker Schlag, entgegne mit einem langsameren Schnitt. Verzögere zunächst den Gegenschlag und presche deinem Gegner mächtig entgegen, so als würdest du ihm auf die Füße treten wollen. Wenn du dann von unten seine Hände triffst, ist das wie im tiefen Stand *(gedan)*: Ziehe hoch und folge mit *kissaki-gaeshi*, nachdem du das Ziel getroffen hast.

2. Der hohe Stand *(gidan)*[16]

Beim hohen Stand sollte die rechte Hand in der Höhe des Ohres sein. Der Knauf des Langschwertes sollte nicht zu weit nach außen zeigen, der Griff weder zu fest noch zu locker sein. Nimm einen Stand ein, der nach vorn gerichtet ist. Das Kurzschwert befindet sich in der linken Hand und auf niedriger Höhe, aber nicht ausgestreckt, und zeigt in niedriger, mittlerer oder hoher Richtung auf den Feind. Der Schlag selbst hängt von der gegnerischen Attacke ab und kann schnell oder langsam, tief oder oberflächlich, leicht oder schwer erfolgen. Das übliche Ziel sind die Hände des Gegners. Schlage nicht nach unten, sondern in einer Vorwärtsbewegung. Wenn du *katsu-totsu* ausführst, richte das Langschwert auf, dann schlage mit einem Schnitt in die rechte Hand des Feindes zu. Ob sich eure Schwerter treffen oder nicht, eure Hände sind die gleichen. Es ist wichtig, schnell zuzuschlagen. Das wechselnde Zustoßen und Schneiden des *katsu-totsu* kannst du lange fortsetzen. Diese Technik ist aber schwer zu bewerkstelligen, wenn du dem Gegner zu nahe bist; in diesem Fall musst du den Gegner ergreifen.

3. Der tiefe Stand *(shigeki)*[17]

Es gibt zwei Arten dieses tiefen Standes. Bei der ersten strecke die Spitze des Langschwertes nach vorn, ohne dass sie nach links ausschert. Greife den Gegner mit einem Drittel eines Schlages an. Hebe deine Hand, als würdest du einen Schlag ausführen, stoße aber stattdessen zu und meide dabei die Schwertspitze des Gegners. Wenn du sein Schwert niederschlagen willst, tue dies schnell und ziehe dann deine Hände langsam zurück. Sei in jedem Fall bereit, zum *kissaki-gaeshi* zurückzukehren.

Bei der anderen Art, diesen tiefen Stand auszuführen, zeigt die Schwertspitze zum Gegner, während deine Hand sich auf dein rechtes Bein senkt. Schlage zu, sobald du die gleiche Absicht beim Gegner erspürst. Die Oberflächlichkeit oder Tiefe, Leichtigkeit oder Schwere deines Schlages wird von der Einstellung des Gegners abhängen. Dies bedarf sorgfältiger Erwägung.

4. Der linksseitige Stand *(uchoku)*[18]

Das Langschwert in der rechten Hand befindet sich hierbei an der linken Seite, das Kurzschwert in der linken Hand ist nur leicht angehoben, die Arme dabei nicht zu tief gekreuzt. Der gegnerische Schlag wird von unten pariert, während er ein Drittel seines Weges ausführt. Wenn du sein Schwert niederzuschlagen suchst, meide seinen Schlag auf deine linke Hand, indem du sie leicht in einer Schnittbewegung absenkst und ihn dann im Gegenzug diagonal von oben mit der rechten Hand triffst. Dies muss schnell geschehen, mit einer genauen Schwertlinie beim *katsu-totsu* oder *kissaki-gaeshi*.

5. Der rechtsseitige Stand *(suikei)*[19]

Hierbei soll die Spitze des Langschwertes nicht zur Seite neigen, die linke Hand mit dem Kurzschwert ist ausgestreckt. Linker und rechter Arm befinden sich offen an der Seite der Brust, ohne dass die Ellbogen gestreckt wären. Wenn der Gegner angreift, kreuze jenseits seines Schwertes, indem du kräftig in Höhe seiner Stirn seine Mittellinie attackierst. Erlaube kein Abweichen der Klinge nach links. Lasse einen Schwung mit *kissaki-gaeshi* folgen. Je nach den Umständen kannst du *uchoku* einnehmen. Dies muss in einem Augenblick entschieden werden.

Dies sind die fünf Arten, den Gegner mit dem Schwert zu schlagen. Es gibt nur einen Schwertweg. Seid euch dessen bewusst.

VII

Übers Schlagen und Treffen

Schlagen ist nicht zum Gewinnen gedacht, es hat sein eigenes Prinzip: Du schlägst, um den Gegner zu schwächen und ihn unvernünftig handeln zu lassen. Treffen jedoch wird mit Gewissheit und der Absicht zu töten ausgeführt. Bedenke dies sorgfältig.

VIII

Die Hände schlagen

Es gibt acht Möglichkeiten, die Hände zu schlagen. Verzweifle nicht, wenn du das Ziel verfehlst, erkenne aber, dass dein Rhythmus falsch ist.

1. Mit der Ein-Schlag-Kadenz.

2. Vom tiefen Stand aus.

3. Beim Senken der Schwerter, sobald er sich bewegt.

4. Im mittleren Stand: Bringe dein Langschwert zuoberst und schlage in einem leicht anderen Rhythmus als in der Ein-Schlag-Kadenz.

5. Im mittleren Stand: Bringe dein Schwert zuunterst, schlage von dort.

6. Wenn der Gegner blockt.

7. Aus einem eigenen Block.

8. Mit dem Langschwert, wenn der Gegner einen Schlag abwehrt.

IX

Die Beine schlagen

Es gibt sechs Gelegenheiten, die Beine zu schlagen.

1. Schlage, wenn der Gegner blockt.
2. Schlage, wenn der Gegner dein Schwert abwehrt.
3. Schlage, wenn der Gegner einen rechtsseitigen Stand einnimmt.
4. Schlage, wenn dein Schwert niedergeschlagen wurde.
5. Hat der Gegner ein Langschwert und nimmt den *kasumi*[20]-Stand ein, kehre in den mittleren Stand zurück und schlage seine Beine.
6. Befindet sich der Gegner im mittleren Stand, attackiere seine Beine von unten, während du sein Schwert mit deinem Kurzschwert kontrollierst.

X

Das Blocken

1. Lass das gegnerische Schwert mit einem Block abgleiten. Hierbei ist der Rhythmus wichtig.

2. Wenn der Gegner zuschlägt, richte die Spitze deines Langschwertes auf den Bereich zwischen der rechten Hand und dem rechten Auge, um mit dem Zustoßen der Spitze seinen Schlag zu blockieren.

   Die Bewegung darf bei diesen beiden Arten des Abwehrens nicht aufwärts gerichtet sein, sondern die Hände werden in eine höhere Position gebracht, so als würden sie in die Attacke des Gegners hineinstoßen.

3. Wenn der Gegner nahe ist, kannst du seine Attacke durch Rückzug und schnellen Gegenangriff mit dem anderen Schwert erwidern.

XI

Das Näherkommen

1. Zuerst blockiere den gegnerischen Angriff und bewege dich dann heran, als wolltest du durch ihn hindurchgehen.

2. Wenn der Gegner abwehrt, drücke dein Schwert gegen seines und rücke vor.

3. Hält der Gegner sein Schwert auf der rechten Seite oder schlägst du auf seine Beine oder blockiert oder schlägt er gerade selbst, drehe deinen Körper und dringe in seinen Nahbereich ein.

4. Dränge vor, wenn dein Rhythmus nicht mit dem des Gegners übereinstimmt.

In allen Fällen ist es schlecht, beim Annähern den Rücken zu beugen und die Arme zu weit vorzustrecken. Drehe dich vorwärts in einen seitlichen Stand *(hitoemi)* und hefte dich eng an den Gegner. Wenn du vorrückst, stelle sicher, ganz in seinem Nahbereich zu sein, mache deine Schnittlinie gerade und deine Bewegung kraftvoll, ohne dass dein Körper auch nur ein bisschen zur Seite neigt.

XII

Rhythmus (byôshi) und „leerer Schlag"

Es gibt verschiedene Schlagfolgen für das Schwert. „Ein-Schlag" *(itsu-byôshi)* bedeutet, aus der Leere zu treffen, ohne dass sich dein Wille in Körper und Geist manifestiert. Aus dem Nichts schlägst du auf eine Stelle, wo es der Gegner nicht erwartet. Er hat eine andere Absicht als du, deshalb schlage unerwartet zu, während er seinen Angriff vorbereitet. Dies nennt man einen „leeren Schlag". Er ist von entscheidender Bedeutung. Ein verzögerter Rhythmus *(okure-byôshi)* besagt, dass du den eigenen Körper und Geist zurücklässt, wenn du scheinbar einen Schlag erteilst, dann jedoch beim Zögern des Gegners den wirklichen Treffer landest.

Mit dem „Funken-Schlag" *(hishibi)* versuche, blitzschnell des Gegners Schwert hinaufzugleiten; dies muss kraftvoll und geschwind geschehen, jeder Knochen und jede Sehne deines Körpers müssen im Einklang sein.

Mit dem „Herbstblätter-Schlag" *(momiji)* wird das Schwert des Gegners schnell und kräftig niedergeschlagen und das eigene an seines geheftet. Selbst wenn du sein Schwert zuvor nicht schlägst, wird er so an deinem nur schwer vorbeikommen.

Mit dem „Fließendwasser-Schlag“ greife den Gegner mit Körper und Geist gemeinsam an, wobei das Langschwert besonnen, aber konsequent mit einem Schlag eingesetzt wird.

Für das Schlagen zu Beginn, in der Mitte und am Ende einer Bewegung gibt es verschiedene Rhythmen.

XIII

Das Ergreifen der Initiative (sen)

Eine Angriffs-Initiative *(ken no sen)* findet statt, wenn du einen Angriff auf den Gegner beginnst, um zu gewinnen.

Die Warte-Initiative *(tai-tai no sen)* wird angewendet, wenn der Gegner attackiert. Du musst deinen Rhythmus anpassen und nachfolgend zuschlagen.

Bei der Körper-an-Körper-Initiative *(tai-tai no sen)* greift ihr beide gleichzeitig an, doch du musst seinen Rhythmus übertrumpfen. Vollziehe eine plötzliche Änderung, um ihm deine Initiative aufzuzwingen.

Eine weitere mögliche Initiative besteht darin, dass du durch Verlangsamen den Sieg erringen kannst, wenn du und dein Gegner vor Kampfeslust überströmen. Es gibt Initiativen, die von einem Geist herrühren, der stark und schwach, leicht und schwer, tief und oberflächlich genannt wird. Dazu kommen die Initiativen „von Fall zu Fall“ und mit Hilfe der Stimme. Du solltest sie alle studieren.

XIV

Das Schreien

Den Gegner anzuschreien bedeutet nicht, es die ganze Zeit über zu tun. Du solltest nicht in deinem Schlagrhythmus schreien. Schreie ertönen vor oder nach dem Schlag. Wenn ungewiss ist, wo du angreifst, dann kannst du zuvor einen Schrei loslassen. Auch nach einem Treffer kannst du brüllen. Der Schrei „*Ei!*“ kann laut oder leise sein. Dann gibt es noch „*Maitta!*“, abhängig von der Situation rund um den Angriff.

Hat dein Gegner einen ähnlichen Rhythmus wie du, dann bietet sich bei deinem Schlag der begleitende Schrei „*Ya!*“ an, um seinen Rhythmus zu überlagern. Er wird im Herzen gebildet, so dass niemand ihn hören kann. Dies sind die drei Schreie des zuvor, danach und mittendrin.

Schreien mag unnötig erscheinen. So wie wir auf dem Schlachtfeld gegen Wind, Wellen und Feuer anrufen, so müssen wir jedoch auch die Vitalität des Gegners niederbrüllen. Schreie nicht in der Nacht. Bewerte jede Situation für sich.

Das oben Gesagte soll als Richtlinie dienen. Übe eifrig, um es zu meistern. Dies ist der Weg der Kampfstrategie. In anderen Schriften werde ich es weiter erläutern.

Shinmen Musashi Genshin (1638)

35 Artikel zur Kampfstrategie

Hyôhô Sanjûgo Kajô

Nachdem ich viele Jahre in meiner Schule praktizierte, habe ich die strategischen Methoden *(hyôhô/heihô)* der zwei Schwerter im Folgenden zum ersten Mal niedergeschrieben. Es ist schwierig, dafür die angemessenen Worte zu finden, doch ich werde es für den Weg des Schwertes und die Einstellung des Geistes tun, so wie es mir nun in den Sinn kommt.

I

Der Weg der Zwei Schwerter (ni-tô)

Ich nenne dies den Weg der Zwei Schwerter. Die Schüler üben mit beiden Händen, wobei die linke weniger wichtig ist und das Langschwert einhändig (rechts) geschwungen wird. Die Vorteile dieses Stils werden auf dem Schlachtfeld, beim Reiten eines Pferdes, in einem Teich oder Fluss, auf engen Pfaden und steinigem Untergrund, in einem Gemenge sowie beim Rennen offensichtlich. Wenn jemand ein Schwert in der linken Hand hält und es unmöglich ist, es mit beiden Händen zu führen, dann muss er es mit einer Hand beherrschen können. Die einhändige Nutzung mag zunächst schwierig erscheinen, doch später wird das Schwert frei gehandhabt. Durch Übung erlangt ein Krieger ja auch die notwendige Stärke für Bogenschießen und Reiten, so wie ein Schiffer für Ruder und Paddel oder ein Bauer für Pflug und Hacke. Jeder soll gemäß seiner Kräfte das passende Schwert wählen.

II

Den Weg der Kampfstrategie verstehen

Die strategischen Prinzipien sollten für Schlachten und für den Einzelkampf stets als identisch betrachtet werden. Im Folgenden erläutere ich das Duell, doch es wird klar, dass es keinen Unterschied zu Schlachten gibt, wenn wir den Kampfgeist mit dem General, Arme und Beine mit Vasallen, den Torso mit den Fußsoldaten und die Kontrolle über den eigenen Körper mit der Kontrolle über Landstriche vergleichen. Beim Kampf sollte man dem Körper von Kopf bis Fuß die gleiche Aufmerksamkeit schenken, nicht zu viel hier und zu wenig dort, damit es kein Ungleichgewicht im Körper gibt.

III

Wie man das Schwert erfasst

Zeigefinger und Daumen sollten leicht aufliegen, der Mittelfinger mit mittlerer Stärke, Ring- und kleiner Finger fest. So wie im Schwert gibt es auch in der Hand Leben und Tod. Eine tote Hand ist die, die beim Halten, Abwehren und Blocken das eigentliche Ziel vergisst, den Gegner zu treffen, und dabei versteift. Eine lebendige Hand ist stets entspannt und ruhig und in Harmonie mit dem Schwert, das bereit ist, zuzuschlagen. Beim Halten des Schwertes sollten die Handgelenke nicht abgeknickt sein, die Ellbogen weder zu sehr gestreckt noch gebeugt, die Oberarmmuskeln sollten entspannt und die Unterarmmuskeln angespannt sein.

IV

Die Haltung

Das Gesicht sollte sich nicht direkt auf den Boden richten, aber auch nicht aufwärts, beide Schultern sollten weder steif noch hängend sein. Drücke den Bauch statt der Brust vor, knicke die Hüften nicht ab, versteife nicht die Knie. Wende den aufrechten Körper so dem Feind zu, dass er breiter wirkt. Deine Alltagshaltung sollte der im Kampf entsprechen und umgekehrt.

V

Der Gang

Die Fortbewegung sollte wie üblich sein, ob man nun große oder kleine, schnelle oder langsame Schritte macht. Besondere Arten zu Gehen wie Hüpfen, Dahingleiten, Aufstampfen oder Schleichen sollten vermieden werden. Wie anspruchsvoll der Untergrund auch sei, man soll stets voller Zuversicht auftreten.

VI

Der Blick

Schon früher wurde viel zum Blick gesagt, heutzutage heißt es, man sollte ihn aufs Gesicht des Gegners richten. Im Kampf sollten beide Augen enger als im Alltag zusammengekniffen sein. Studiere den Gegner gelassen mit unbewegten Augen, so als wärest du weit weg, selbst wenn er nahe ist. So kannst du nicht nur die anfänglichen Techniken des Gegners erahnen, sondern auch beide Seiten erkennen. Es gibt zwei Arten des Blicks, den des inneren Wahrnehmens *(kan)* und den des äußeren Erkennens *(ken)*. Im Kampf ist der erste entscheidender. Es gibt auch einen Blick, der dem Gegner den eigenen Geist offenbart. Darum sollte man nur den eigenen äußeren Geist der Absicht *(i)* in die Augen des Gegners richten, doch keinesfalls den eigenen inneren Geist der Entscheidung *(shin)*.

VII

Den Abstand verringern

In anderen Schulen gibt es zahlreiche Lehren über den rechten Abstand zum Gegner. Weil die Menschen dazu neigen, sich einer bestimmten strategischen Lehre anzuschließen und dann unbeweglich im Geiste zu werden, ziehe ich es vor, nichts Besonderes dazu zu sagen. Solche Dinge verstehen sich leicht von selbst, wenn man sich erst einmal darin übt. Einfach ausgedrückt sollte man sich stets dessen bewusst sein, dass der Abstand, in dem man einen Gegner treffen kann, auch der ist, wo man selbst getroffen werden kann. Viele vergessen jedoch beim Angriff ihren eigenen Körper.

VIII

Die geistige Einstellung

Man sollte während des Kampfes ruhig, gelassen, geradeheraus und sich ausdehnend sein und nie seine Motivation aufgeben. Der äußere Geist der Absicht sollte leicht, der innere Geist des Erkennens wichtig genommen werden. An jede Situation passe man sich an wie Wasser: Es hat viele Farben, kann in einem Augenblick ein Tropfen sein, im anderen ein blauer Ozean.

IX

Die verschiedenen Ebenen der Kampfkünste

Kampfkünste, die verschiedene Schwerthaltungen in besonderen Ständen demonstrieren, um stark und schnell zu wirken, können als geringwertig gelten. Solche, die sich auf kleinste Details konzentrieren und diverse Techniken mit speziellen Rhythmen hervorbringen, um herausragend zu erscheinen, sind eher von mittlerem Wert. Kampfkünste der höchsten Ebene wirken weder stark noch schwach, weder schnell oder kantig noch herausragend oder schlecht, aber immer umfassend, geradlinig und gelassen.

X

Das Faden-Raummaß

Man sollte stets ein Faden-Raummaß im Geiste haben. Hält man gewissermaßen den Faden an den Feind und ermisst ihn mit dem Maßstab des eigenen geradlinigen Geistes, kann man die starken, schwachen, krummen, angespannten, geradlinigen und entspannten Aspekte des Gegners und seine Absichten ermessen. Mit dem flexiblen Faden und einem festen Maßstab findet man die runden, eckigen, langen und kurzen Eigenschaften des Gegners heraus.

XI

Der Weg des Schwertes

Bis der Schwertweg angemessen studiert wurde, ist es schwer, das Schwert gemäß dem eigenen Willen zu führen. Den Schwüngen mangelt es noch an Stärke. Wenn die Rückseite und die Oberfläche eines Schwertes nicht bekannt sind und man es wie ein Messer oder einen Spachtel für Reispaste handhabt, wird das Schwert nicht auf das wesentliche Ziel des Geistes abgestimmt, den Gegner zu schneiden. Man sollte sein Schwert stets handhaben, als wäre es sehr schwer, und so gelassen damit üben, dass man schließlich den Gegner wirkungsvoll damit treffen kann.

XII

Treffen und Aufschlitzen

Treffendes Schlagen *(utsu)* und aufschlitzendes Schlagen *(ataru)* werden beide in der Schwertkampfkunst verwendet. Treffen bedeutet, ein bestimmtes Ziel im Geist zu haben und es wie beim Schnitttest an Matten mit Kraft und Konzentration zu schlagen. Aufschlitzen heißt, wenn man nicht angemessen treffen kann, den Gegner irgendwo mit dem Schwert aufzuschlitzen. Wie stark dies auch geschehen mag, es handelt sich nicht um einen Treffer selbst. Dennoch ist Aufschlitzen nicht sinnlos, selbst wenn man statt des gegnerischen Körpers nur dessen Schwert erwischt oder sogar das Ziel verfehlt. Es handelt sich um einen Versuch, der dem eigentlichen Treffer vorausgeht.

XIII

Die drei Initiativen

Es gibt drei Wege, die Initiative zu ergreifen. Die erste betrifft den Angriff auf einen Gegner. Dabei sollte man offensichtlich stark vorgehen, den Geist aber im Zaum halten und erst, wenn man den Gegner erreicht, die eigenen Reserven entfesseln und die Initiative ergreifen. Dies bedeutet, eine Falle zu stellen. Greift der Gegner an, sollte man zunächst äußerlich passiv wirken und erst bei entsprechender Annäherung den Kampfgeist entfesseln und noch stärker als der Gegner attackieren, wodurch man die Initiative bei seinem so gestörten Rhythmus ergreift. Dies bedeutet, zunächst auf die Initiative zu warten. Greifen beide gleichzeitig an, sollte der eigene Körper aufrecht gehalten werden und gemeinsam mit Beinen, Schwert und Geist die Initiative ergreifen.

XIV

Den kritischen Moment überleben

Befindet man sich genau so weit entfernt, dass die Schwerter beider Seiten jederzeit treffen könnten, und erkennt man, dass der eigene Schlag dem Gegner den Vorteil verschaffen könnte, jenen kritischen Moment noch vor einem selbst zu überwinden, dann sollte man ihm zuvorkommen, indem man den eigenen Körper und die Beine an den Körper des Gegners heftet. Hat man diesen kritischen Moment überlebt, muss man sich keine Sorgen mehr machen.

XV

Der Körper als Repräsentant des Schwertes

Der Körper als Repräsentant des Schwertes beschreibt das grundlegende Prinzip, dass man beim Aufschlitzen nicht Schwert und Körper gleichzeitig gegen den Feind einsetzen sollte. Beim Schlitzen dringt der kampfbereite Körper üblicherweise als Stellvertreter des Schwertes vor, ehe der tatsächliche Schlag mit dem Schwert folgt. Dieses Aufschlitzen sollte mit einem freien Geist der Leere *(kû)* geschehen. Dabei erscheinen Schwert, Körper und Geist nicht zur selben Zeit. Man sollte bedenken, dass den Geist innen zurückzuhalten auch den Körper beim Schwertschlag (innen) zurückhält. Diese Beziehung gilt es grundlegend zu beachten.

XVI

Die beiden Füße

Bei einem Schwertstreich sollte man zwei Schritte machen. Dies gilt, wenn man das gegnerische Schwert mit dem eigenen niederdrückt, ihm ausweicht, auf den Gegner zu oder von ihm weg schreitet – mit jedem Fuß mache man einen Schritt. Würde man insgesamt nur einen Schritt machen, könnte die Haltung zu statisch werden. „Zwei“ deutet hier auf die gewöhnliche Art zu gehen.

XVII

Das Schwert niedertreten

Trete mit dem linken Fuß auf die gegnerische Schwertspitze, wenn er sie niederschwingt, kurz bevor sie anhält. Wenn du mit Schwert, Körper und Geist die Initiative ergreifst, kannst du leicht obsiegen. Ohne diese Strategie kann eine unerwünschte Situation entstehen, in der sich Angriff und Gegenangriff ständig abwechseln. Die Bewegung des Fußes beim Niedertreten kann sogar langsam geschehen, je nach den Umständen. Eine solche Gelegenheit entsteht nicht oft.

XVIII

Den unsichtbaren Schatten einfangen

Den unsichtbaren Schatten (des *Yin*) einfangen ist eine Methode, bei der Schwachpunkte des Gegners angegriffen werden. Beobachtet man ihn genau, bemerkt man, wohin er seine Aufmerksamkeit richtet und wohin nicht. Auf die letztgenannten „Schatten" ziele man mit der Schwertspitze, wenn er sich bewegt, und bringe ihn so aus dem Rhythmus, damit man ihn besiegen kann. Dabei hafte man aber nicht an den Schatten und vergesse nie, dass das wahre Ziel das Niederschlagen des Gegners ist.

XIX

Den sichtbaren Schatten bewegen

Hierbei wird der sichtbare Schatten (des *Yang*) so bewegt: Wenn der Gegner sein Schwert hinter sich hält und nur sein Körper sichtbar ist, wird dieses Schwert von dir mit dem Geist niedergehalten und zur gleichen Zeit dein eigener Körper entleert, während du auf die vorstehenden Körperteile des Gegners schlägst. Dabei wird er sich und sein Schwert bewegen, und es wird leicht, ihn zu bezwingen. Diese Methode existierte bisher noch nicht. Schlage auf den vorstehenden Teil seines Körpers, um ein Versteifen deines Geistes zu vermeiden.

XX

Die Bogensehne lösen

Mit dieser Technik entkommt man einer Pattsituation. Im Kampf entsteht manchmal eine Lage, in der beide Gegner an dem angespannten Geistesfaden zwischen sich ziehen und eine Stockung erzeugen. Dann sollte dieser Faden mit Schwert, Körper, Beinen und Geist so schnell wie möglich durchtrennt werden, am besten, indem man dem Gegner etwas Unerwartetes antut.

XXI

Der kleine Kamm

Der Geist des kleinen Kammes löst Verwirrungen auf. Wenn der Gegner für solche sorgt, sollte man mit einem kleinen Kamm im eigenen Geist die verwickelten Teile je nach ihrer Form, einen nach dem anderen, entwirren und in Ordnung bringen. Von außen betrachtet sind das Ziehen am Geistfaden und das Verwirren ähnlich, doch das Erstgenannte entstammt einem starken Geist, Letzteres einem schwachen.

XXII

Die Wahrnehmung von Lücken im Rhythmus

Der Gegner bewegt sich stets in einem besonderen Rhythmus, der langsam oder schnell sein kann. Erkenne die Pausen in seinem Rhythmus oder schaffe welche, um dann mit dem eigenen Rhythmus wirkungsvoll angreifen zu können. Einen Feind mit trägem Geist schlage geschwind, sobald du ihm nahe genug bist, ohne den eigenen Körper zu bewegen oder ihm den Beginn deines Schwerthiebes anzudeuten, sondern als freies Entfalten aus der Leere. Dieser Rhythmus heißt *ippyôshi (ichi-byôshi).*

Einem ungeduldigen Gegner sollte man mit dem eigenen Körper andeuten, wann man angreift, und wenn er reagiert, sollte man nach seiner Bewegung zuschlagen. Diesen Rhythmus nennt man *ni no koshi.*

Halte den Körper stets zum Schlagen bereit, zügle dabei den Geist und das Schwert und schlage erst dann stark aus freiem Anwenden der Leere zu, wenn der gegnerische Geist eine Lücke offenbart. Diesen Rhythmus nennt man *munen musô.*

Wenn der Gegner dein Schwert blocken oder ablenken will, vermeide dies, indem du deine Bewegung verlangsamst und dabei deinen Geist zügelst, und schlage dann in die Lücke seines Rhythmus. Diese Methode nennt man *okure-byôshi.*

XXIII

Das Kissen festhalten

Das Kissen festhalten bedeutet, die Absicht des Gegners zum Schlag zu erkennen und mit Körper, Geist und Schwert diese Absicht im Keim zu ersticken, noch bevor die Bewegung des Gegners beginnt, indem man frei die Leere manifestiert. Beim Erkennen der Angriffsabsicht schlage man den Gegner, man dringe in seinen Nahbereich vor, ergreife die Initiative und unterbreche seinen Angriff. Dies gilt für alle Kampfsituationen.

XXIV

Das Erkennen der Umstände

Jede Situation, das heißt jeder Ort und jeder Zustand des Gegners – ob hoch oder niedrig, tief oder flach, stark oder schwach –, sollte mit vollkommener Klarheit eingeschätzt werden. Die Lehre von Faden und Messstab sollte während eines Kampfes ständig angewandt werden, so dass man sich der tatsächlichen Situation stets bewusst ist. So kann man gewiss siegen, wo auch immer man kämpft.

XXV

Den Gegner durchschauen

Durchschaue den Gegner und erspüre die Schwachpunkte seines Geistes. Ob er sich nun in ein Haus zurückgezogen hat, gegen eine große Zahl von Kriegern kämpft oder gar ein Experte der Kampfkünste ist: Du könntest Schwächen für Stärke halten, Unerfahrenheit für Meisterschaft oder einen Anfänger für einen gefährlichen Feind, wenn du nicht die Ungereimtheiten im gegnerischen Geist genau erkennst. Studiere den Feind von innen her.

XXVI

Der Geist des Zurückhaltens (zanshin) und Loslassens (hôshin)

Je nach den zeitlichen Umständen und Zielen sollte das Zurückhalten oder Loslassen des Geistes praktiziert werden. Beim Halten des Schwertes sollte man seinen äußeren Geist der Absicht *(i no kokoro)* befreien und den inneren Geist des Wahrnehmens *(shin no kokoro)* zurückhalten. Schlägt man zu, sollte man hingegen den inneren Geist loslassen und den äußeren aufhalten. Die Anwendung variiert je nach Begebenheit.

XXVII

Der Aufprall als Gelegenheit

Wenn der Gegner in kurzer Distanz angreift, kannst du sein Schwert mit deinem eigenen wegschlagen, parieren oder ihn schneiden. Jeder Angriff des Gegners bietet die Gelegenheit für einen eigenen Schlag. Körper, Geist und Schwert sollten stets in der rechten Position und bereit sein, zuzuschlagen, ob man das gegnerische Schwert von oben kontrolliert, ihm ausweicht oder es mit einem eigenen Hieb unwirksam macht.

XXVIII

Anhaften wie Kleber und Lack

Dies ist eine bildliche Umschreibung für das Kämpfen in beengten Verhältnissen. Dabei sollte man mit Beinen, Hüfte und Gesicht förmlich am Gegner kleben, als bestünde man aus Leim und Lack, so dass kein Raum zwischen einem selbst und dem Feind verbleibt, damit er möglichst keine Techniken anwenden kann. Der Rhythmus des Klebens am Gegner ist identisch mit dem des Festhaltens des Kissens, beide werden mit gelassenem Geist ausgeführt.

XXIX

Der Körper des Herbstaffen

Diese Lehre besagt: Wenn man versucht, am gegnerischen Körper zu kleben, sollte man so tun, als habe man keine Arme. Ohne diese Vorstellung streckt man gern die Arme aus und bleibt so vom anderen Körper getrennt. Beim Aneinanderkleben kann man jedoch manchmal den gesamten linken Arm zum Angriff nutzen. Unter keinen Umständen sollte man dabei nur die Hände einsetzen. Der Rhythmus der Schlagfolge entspricht dem des vorigen Beispiels.

XXX

Höhen vergleichen

Wenn man am Körper des Gegners klebt, sollte man um Größe ringen, also seinen Körper so weit ausdehnen wie möglich, damit man stets größer wirkt als der Feind. Auch hierbei entspricht der Rhythmus den vorigen Beispielen.

XXXI

Die Lehre von der Falttür

Betrachte in beengten Räumlichkeiten deinen Körper als Falttür *(toboso)*. Klebst du am Gegner, richte deinen Körper auf und mache ihn breiter, so dass du Schwert und Körper des Gegners bedeckst und zwischen euch kein Raum ist. Sobald du den Feind schlagen kannst, mache deinen Körper dünn und aufrecht und stoße deine Schulter in seine Brust, was ihn zu Fall bringen wird.

XXXII

Der General und sein Soldat

Man sollte sich selbst stets als General sehen und den Gegner als Untergebenen. Dies kann man nur begreifen, wenn man die Kampfkünste vollständig studiert und praktiziert hat. Man darf dabei dem Gegner niemals erlauben, das zu tun, was er möchte. Er soll vielmehr sein Schwert nur gemäß deinem eigenen Willen schwingen. Verwirre ihn auf jede erdenkliche Art und erlaube ihm nicht, sich Finten ausdenken.

XXXIII

Die Haltung der Nicht-Haltung

Hierbei geht es um die geistige Einstellung beim Halten des Schwertes. Zwar gibt es in meiner Schule festgelegte Stellungen, doch würden Schwert und Körper unbeweglich, wenn sie ständig bewusst eine bestimmte Position einnehmen müssten. Darum sollte man seinen Geist davon befreien und das Schwert so halten, dass der Gegner in den jeweiligen Umständen am wirkungsvollsten getroffen werden kann. Im hohen Stand gibt es ebenso drei Variationen wie im mittleren, tiefen, links- und rechtsseitigen Stand. Einfach ausgedrückt: Halte das Schwert stets mit dem Geist der Nicht-Haltung.

XXXIV

Ein Körper wie ein Felsen

Durch ununterbrochene Übung und mit einem unbeugsamen, starken und weiten Geist sollte der Körper zu einem Felsen gemacht werden. Ein Körper, der die gesamte Wahrheit der Kampfkunst verwirklicht, ist so mächtig, dass alle Lebewesen ihm freiwillig aus dem Weg gehen. Selbst seelenlose Gräser und Bäume meiden es, vor ihm Wurzeln zu schlagen, und auch Regen und Wind achten seine Gegenwart. Einen solchen Körper sollte man erstreben.

XXXV

Den unausweichlichen Augenblick erkennen

In jeder Kampfsituation erkenne mit Gewissheit jenen schicksalhaften Augenblick, in dem es zu früh oder zu spät wäre, etwas zu tun oder etwas zu meiden. Was den rechten Moment des Zuschlagens angeht, so gibt es in meiner Schule dafür eine besondere geheime Übertragung *(jikitsû)*[21].

XXXVI

Die Leere

Die Leere, die man durch Erkenntnis der Wahrheit erlangen kann, ist nur schwer in Worte zu fassen. Durch tägliches Praktizieren sollte man unermüdlich nach diesem vollendeten Zustand streben.

Die vorigen 35 Artikel beschreiben die Essenz meiner Kampfkunst, von der Anwendung einzelner Techniken bis hin zur geistigen Einstellung. Kleine Details, die diesen Lehren ähneln, wurden ausgelassen. Ich habe bewusst nicht mehr über andere Schwerttechniken gesagt, die ich selbst praktiziere und die ich nur mündlich während des Übens vermitteln kann. Wenn es Fragen gibt, kann ich sie gern persönlich beantworten.

An einem verheißungsvollen Tag im zweiten Monat des Jahres 1641

Shinmen Musashi Genshin

Ergänzende Artikel im *Hyôhô Shiju no Kajô*

Fünf Richtungen der Deckung (Gohô no kamae no shidai)

1. *Mittlere Deckung (kanjitsu no kamae)*

Wenn dein Gegner weit weg ist, nähere dich ihm bis zu dem Bereich an, wo er dich attackieren kann, halte deine Schwerter nach unten gerichtet und deinen Körper aufrecht. Ihm gegenüber nimmst du folgende Abwehrstellung ein: Erhebe deine Arme, die Ellbogen sind weder erhoben noch gesenkt, kreuze deine Schwerter mittig vor dir, ausladend, aber nicht zu weit vorn. Die Spitze des Langschwertes zeigt leicht aufwärts oberhalb der Horizontalen zwischen deinem Körper und dem des Gegners. Die Klingen sind weder erhoben noch waagerecht, sondern werden winklig gehalten.

Halte deinen Willen flexibel und deine Konzentration stabil. Meide die Angriffe des Gegners, indem du seine Absicht voraussiehst. Stich ihm deine Schwertspitze ins Gesicht, das wird ihn beunruhigen und zu einem Angriff veranlassen. Dann schlage von oben nach unten auf seinen Arm, indem du die Schwertspitze wieder in Position bringst. Belasse dein Schwert dann dort, als hättest du es aufgegeben, und bewege deine Füße nicht. Greift dein Gegner erneut an, schlage noch einmal so auf seinen Arm, wenn er etwa ein Drittel seiner Bewegung vollzogen hat.

Konzentriere dich darauf, den Angriff des Gegners selbst auszulösen. Dann kannst du feststellen, was er vorhat. Solch eine Situation ergibt sich fortwährend. Verstehe sie gründlich.

2. Hohe Deckung (gidan no kamae)

Bringe deine rechte Hand in Höhe des Ohres, neige dein Langschwert leicht nach innen, das ist die *gidan*-Deckung. Das Schwert weder zu locker noch zu fest umfassend, mit der Spitze auf die Mittellinie des Gegners zielend, so schlägst du je nach seiner Attacke unten, oben oder mittig zu; auch Geschwindigkeit, Kraft und Tiefe deiner Erwiderung hängen von seiner ab.

Um den Gegner von Beginn an zu dominieren, bringe dein Langschwert vor und schlage auf sein Handgelenk, aber nicht nach unten, sondern mit dem Gefühl, seine Hand zu durchdringen, wobei du dir ganz der Richtung deiner Schwertklinge bewusst bist. Ob dein Gegner abwehrt oder nicht, du hebst sofort dein Schwert an und triffst ihn so in der Aufwärtsbewegung. Dazu musst du das Schwert auf rechte Weise halten und geschwind zuschlagen. Dies beinhaltet eine Abfolge, bei der du gute Chancen hast, deinen Gegner niederzustrecken. Doch auf kurze Distanz ist diese Technik schwierig, also musst du nach deiner Abwehr sofort Dominanz gewinnen.

3. Rechtsseitige Deckung (uchoku no kamae)

Halte dein Langschwert auf der rechten Seite nach unten, dein Kurzschwert hoch, als würdest du einen breiten horizontalen Schnitt machen. Greift der Gegner an, solltest du ihn treffen, wenn er ein Drittel seiner Bewegung vollzogen hat. Schlägt er auf dein Kurzschwert, damit du es fallen lässt, senke es etwas, damit er ins Leere haut, und schneide ihn dann selbst, indem du die Richtung deines Schwertes begradigst. Dafür ist Geschwindigkeit vonnöten. Du musst genau hinschauen, um dein Schwert am Wendepunkt in die rechte Richtung zu bringen.

4. Linksseitige Deckung (juki no kamae)

Die linksseitige Deckung kennt zwei Arten. Bei der ersten bewege deine rechte Hand mit dem Langschwert nach links, die Spitze zeigt nach vorn rechts unten. Greift der Gegner an, schlage ihn bei einem Drittel seiner Bewegung. Dabei hebst du das Schwert so an, dass deine Hand sich über dem Schwert des Gegners befindet. Nach diesem Schlag musst du sofort die Klinge deines Schwertes umdrehen.

Bei der zweiten Version hältst du dein Schwert unten, die Spitze zeigt nach links. Deine Hand berührt dann das rechte Bein, während die Klinge sich dem Feind zuwendet. Sobald er einen Angriff andeutet, schlägst du zu. Tiefe und Kraft deines Schlages passe an den Gegner an.

5. Die tiefe Deckung (suikei no kamae)

Du hältst beide Schwerter so, dass ihre Spitzen sich nahe sind, nach unten und innen gerichtet, die Ellbogen gespreizt, ohne die Arme auszubreiten. Nun wird das Kurzschwert nach vorn gebracht. Dies nennt man die tiefe Deckung.

Wenn dein Gegner angreift, kreuze sein Schwert und schlage auf seine Mittellinie, indem du dein Schwert auf Höhe seiner Stirn bringst. Du musst breit, stark und geradlinig schlagen. Es ist schlecht, das gegnerische Schwert von links kommend zu kreuzen. Nach dem Schlag musst du sofort die Klinge umdrehen, dann kannst du auch die rechtsseitige Deckung einnehmen.

Mit diesen fünf Deckungen kannst du allen Situationen begegnen. Ohne mit der Natur des Schwertes zu harmonieren, wirst du deinen Gegner nicht niederstrecken können.

Die Bewegungen anhaften lassen (nebari o kakuru)

Wenn sich dein Gegner und du bewegen, nähere dich in dem Moment, wenn er dein Schwert blockt, und lasse deines daran haften. Es muss so daran kleben, dass es unmöglich wird, die Schwerter voneinander zu lösen, jedoch ohne dass du dabei zu viel Kraft aufwendest. Dabei bleibe gelassen. Du musst unterscheiden zwischen Anhaften und Verwickeltsein. Anhaften ist stark, Verwickeltsein ist schwach.

Nachschrift

Was ich oben beschrieben habe stammt von meinem Meister Genshin (Musashi). Der Meister verfolgte seit seiner Jugend den Weg der Strategie und konnte die höchste Stufe in allen Bereichen dieser Kunst erlangen. Er hatte sechzig Kämpfe mit dem Schwert und dem Holzschwert *(bokutô)*, ohne je zu verlieren. So besiegte er die namhaftesten Kämpfer in Japan. Von morgens bis abends suchte er nach einem tiefgründigeren Weg. Erst im Alter von fünfzig Jahren gelangte er in einen Zustand, in dem sich außergewöhnliche Energie spontan manifestiert. Von diesem Tag an hatte er kein Bedürfnis mehr, noch tiefer zu gehen.

Der Meister schrieb lange nichts auf, bis er Fürst Hosokawa Tadatoshi aus Hishi (Kumamoto) traf, der sich diesem Weg verschrieb. Der Fürst hatte bereits die Strategie verschiedener Schulen studiert und die höchste Übertragung von Yagyû Munenori erhalten, dem berühmtesten Strategiemeister unseres Landes. So glaubte auch der Fürst, die höchste Stufe erlangt zu haben. Doch als er auf meinen Meister traf, hatte er im Kampf keine Chance. Er stellte ihm danach verblüfft viele Fragen. Der Meister antwortete: „Das Prinzip der Strategie gilt für alle Schulen: Wenn der Weg höchster Aufrichtigkeit nicht mit dem verschmilzt, was man tut, dann ist dies nicht der wahre Weg." Der Fürst erwiderte: „Ich bin zwar nicht sehr talentiert, aber ich werde so lange durchhalten, bis ich diesen Weg verwirklicht habe." So begann der Meister ihn privat zu unterrichten und übergab ihm eine erste Schrift. Fürst Hosokawa erreichte dank seiner Voraussetzungen die Meisterschaft. Er sagte: „Ich habe seit meiner Jugend die Schwertkampfkunst *(kenjutsu)* geübt und gewissenhaft viele Schulen studiert, doch dann verstand ich, dass nichts davon zum wahren Weg gehörte, nutzlos war und sich in Nichts auflöste." Dafür war seine Dankbarkeit grenzenlos.

Was mich angeht, ich konnte aufgrund himmlischer Gnade meinem Meister Musashi begegnen. Er widmete mir seine besondere Aufmerksamkeit. Von der Tiefe unserer Beziehung zehre ich. Durch Übung konnte ich an der Geistesquelle meines Meisters trinken und den Weg erlangen.

Der Meister sagte zu mir: „Ich habe bis jetzt viele Menschen unterrichtet, doch keiner von ihnen konnte den wahren Weg betreten. So konnte ich keine wahre Übertragung geben. Du aber, Nobuyuki (Terao), besitzt große Auffassungsgabe und kannst zehn Dinge auf der Grundlage von einem verstehen. Dank deines besonderen Talentes hast du das Stadium erreicht, wo von deiner Person spontan eine außergewöhnliche Energie entspringt."

Dieser Weg ist jedoch nicht nur eine Schwertmethode *(kenjutsu)*, und nur wenige Menschen folgen ihm. Wer nicht mit aufrichtigem Interesse und großer Durchhaltekraft diesen Weg geht, der wird nie dort hin gelangen. Darum ist es besser, vor solchen Menschen nicht von diesen Dingen zu sprechen. Ich habe viele Jahre lang niemandem meine Kunst gezeigt und mir gesagt, es sei so als würde ich meine Nase berühren, um auf meinen Mund zu verweisen.

Nun habe ich einen vertrauenswürdigen Freund, Yasumasa, mit dem ich schon lange praktiziere und dies hoffentlich bis ans Ende meines Lebens tun kann. Ich kenne seinen ernsten Willen, der es ihm unmöglich macht, zu scheitern. Darum habe ich ihm alles übertragen, und er hat den höchsten Zustand des Weges erreicht. Deshalb vermache ich ihm auch diesen Text von meinem Meister.

Die Schule, die bis in alle Ewigkeit verbreitet wird, wird *Niten Ichi-ryû* genannt, die „Schule der zwei gen Himmel gerichteten Schwerter". Ihre Strategie der Wirklichkeit hat die Vollständigkeit eines Kreises. Der Meister gab ihr diesen Namen, weil alle Dinge aus der Leere entstehen. Ohne Austausch gibt es keine Antwort.

Am fünfzehnten Tag des achten Monats 1666
Terao Motomenosuke Nobuyuki

Schwertweg der fünf Stände

Gohô no Tachimichi

Die Kampfstrategie *(heihô)* ist der Weg. Die Prinzipien, die für das Kreuzen der Schwerter mit dem Feind gelten, sind auch auf die gesamte Armee anwendbar. Über den Sieg entscheidet nicht der Kampf gegen den Feind, in dessen Angesicht man blickt. Der Sieger steht schon vor Beginn des Kampfes fest. Ohne Abweichung muss der Weg der Kampfstrategie stets befolgt werden, doch darf man den Strategien auch nicht blind ergeben sein. Selbst Geheimnisse können nicht verborgen werden. Durchzuhalten wird viele Dinge offenbaren. In einem schwierigen Kampf warte, bis die rechte Zeit kommt. Man kann die Glocke nur schlagen, wenn man tief im Tempelinneren ist.

Seit alters gibt es viele Dutzend Traditionen in Japan, die ihre eigenen Methoden der Schwertkampfkunst lehrten. Was sie für ihren Weg halten, besteht jedoch aus rohen Taktiken, die sich auf brutale Gewalt verlassen, oder sie bevorzugen umgekehrt Sanftheit und konzentrieren sich auf triviale Prinzipien. Manche benutzen nur Langschwerter, andere neigen zu Kurzschwertern. Sie erfinden eine Menge fehlerhafter Stände und Formen und nennen sie *omote* (außen) und *oku* (innen). Es kann jedoch keine zwei Wege geben. Warum würden sie sonst bei all ihren Behauptungen weiter die gleichen Fehler machen? Wer falsche Wege propagiert, um zu Ruhm und Reichtum zu gelangen, der stellt seine Fähigkeiten zur Schau, um die Welt zu täuschen. Er gewinnt nur, weil er sich weniger talentierte Gegner aussucht: Jemand mit bruchstückhaften Kenntnissen besiegt einen, der gar keine hat. Es ist falsch, so etwas als universale Disziplin zu bezeichnen, denn sie nutzt einem nichts.

Ich habe meinen Geist auf die Kampfstrategie konzentriert und meine Gedanken bei der Übung über lange Zeit hinweg verfeinert, bis ich schließlich den Weg meisterte.

Ein Krieger muss stets zwei Schwerter tragen, ein langes und ein kurzes. Darum muss er auch mit beiden umgehen können. Sie sind wie die Sonne und der Mond am Himmel. Ich habe fünf Wege erläutert, das Schwert zu halten (oben, unten, in der Mitte, an der rechten und linken Seite). Dies entspricht den fünf Sternen (Jupiter, Mars, Venus, Merkur und Saturn), die den Himmel rund um den Polarstern besetzen. So wie diese fünf Sterne rotieren und die Monate vergehen, wird alles, was dieser Ordnung widerspricht, herausgefordert und abgelehnt.

Es gibt fünf Stände *(kamae)*: den hohen *(jôdan)*, mittleren *(chûdan)*, tiefen *(gedan)*, linksseitigen *(hidari-waki)* und rechtsseitigen *(migi-waki)*. Jeder Stand hat je nach Situation seine Bedeutung. Dies unterscheidet sich von anderen Schulen, die ihr *omote* und *oku* betonen. Wenn ich in einen Kampf verwickelt werde, ziehe ich sogleich beide Schwerter. Sollte ich nur ein Kurzschwert dabei haben, kämpfe ich damit, und falls nicht einmal das, dann nehme ich meine Hände. Auf die eine oder andere Art werde ich siegen. Je nach den Umständen kann ein Langschwert nicht ausreichen, während ein Kurzschwert genau richtig ist. Manchmal muss man den Angriff gegen einen starken Feind selbst beginnen, zuweilen aber auch abwarten, selbst wenn der Gegner schwach ist. Vermeide Vorurteile und achte Zeitpunkt und Umstände, während du in deiner Mitte verweilst, dem universell richtigen Weg. Dieses Zentrum ist das, worauf mein Weg der Kampfstrategie gründet.

Einst sagte jemand: „Welchen Unterschied macht es schon, ob du den Weg der Strategie kennst oder nicht?" Zhao Kuo, der ihn nicht kannte, verlor so sein Königreich an den Staat Qin. Zhang Liang, der den Weg kannte, half beim Errichten des Han-Königreiches mit. Der Unterschied zwischen der Kenntnis und Unkenntnis des Weges der Kampfstrategie ist so offensichtlich wie ein Fischauge sich von einem Edelstein unterscheidet.

Einst sagte ein alter Kriegsherr: „Mit dem Schwert kämpft man nur gegen einen Gegner zur gleichen Zeit. Ich will aber verstehen, wie man Tausende Feinde zerstört." Diese Bemerkung ist engstirnig. Ist der Weg der Schwertkampfkunst erst gemeistert, wirst du klar erkennen, was getan werden muss, um die Taktik des Gegners zu zerstören, ob es nun gegen zehntausend Mann in einer Schlacht geht oder eine gutgeschützte Burg zerstört werden soll. Wer um Himmels willen könnte die Schwertkampfkunst als triviale Sache ansehen? Tatsächlich handelt es sich um einen großartigen Weg, der auch auf andere Dinge angewendet werden kann.

Wer fortdauernde Unterweisung auf diesem Weg erhält, wird Meisterschaft erlangen. Wenn du dich dabei falscher Ideen und Methoden entledigst, auf die rechte Weise fortschreitest, tagein und tagaus praktizierst und danach strebst, ein Experte zu werden, wird dich eine mystische Kraft zur Meisterschaft geleiten. Du wirst durch eigene Anschauung verstehen, was der direkte Weg *(jikidô)* ist und was nicht. Wenn du dich im Alltag gemäß dem Weg verhältst, wirst du nicht wanken, selbst wenn es dir an tieferem Wissen mangelt. Du wirst deine Handlungen nicht bedauern und schließlich ein Meister des Weges werden.

Selbst jemand, der verschiedenste Fähigkeiten mit dem Schwert erworben hat und Techniken perfekt ausführt, kann noch daran scheitern, anderen sein Wissen zu vermitteln, gerade so als würde ihm Brühe durch die Hände sickern.

Mein Weg allein wird durch den Geist gemeistert, damit der Körper seine Fertigkeiten ausführen kann.

Entsprechend wird jemand auf ewig ein Meister sein. Jeder Nachfolger, der vom wahren Weg spricht, ist mit großer Sicherheit aus meiner Schule. Warum gibt es dennoch so viele Wege, wenn nur einer wirklich gültig ist? Viele bevorzugen etwas Neues gegenüber dem Alten und geben den geradlinigen Weg für einen Umweg auf.

Der Himmel ist mein Zeuge. Ich gebe hier nicht an. Man sollte so darüber denken: Es gibt nur ein aufrichtiges Herz und einen direkten Weg.

Anhang

Kaneko Aizos „Mahnworte“ *(chû-i)* zur Kampfkunst (1904)

1

Wenn du dein Langschwert *(tachi)* ergreifst, umfasse es fest mit dem kleinen und dem Ringfinger. Deine rechte Hand sollte es locker umfassen, als würde sie ein rohes Ei halten. Würdest du mit beiden Händen fest zupacken, verlörest du die Fähigkeit, flexibel zu reagieren.

2

Im Angesicht eines Gegners konzentriere dich ruhig auf dein Körperzentrum unterhalb des Nabels *(tanden)*. Schätze sorgsam Stand, Distanz und Einstellung deines Gegners ein und sei bereit, dich leichtfüßig zu bewegen.

3

Grundlegend für jeden Kampf ist, nach einer Lücke Ausschau zu halten und auf jeden Wandel zu reagieren, der List des Gegners auszuweichen und seine wahre Stellung zu erkennen.

4

In einem Schwertduell mit echten Klingen gibt es kein Blocken eines Angriffs *(uke-tome)*. Du solltest nur „begegnen und vorübergehen“ *(uke-nagashi)*, indem du das gegnerische Schwert ablenkst und abrutschen lässt. Unmittelbar danach bringe deinen eigenen Angriff vor *(kiri-gaeshi)*. Würdest du nur blockieren und nicht selbst angreifen, käme die nächste Attacke deines Gegners hinterher. Beim Duell mit Bambusschwertern *(chikutô)* werden oft Blocks *(uke-tome)* angewendet, sie widersprechen aber der wahren Bedeutung des Schwertweges. Der Zweck der Übung ist, jemanden auf ein Duell mit scharfen Klingen *(shinken-tachiai)* vorzubereiten.

5

Der Schwertkampf als Kunst ist eine ausgefeilte und langsame Methode und einer eiligen und rauen Schulung vorzuziehen. Dem echten Schwertkampf am nächsten kommt unser *sanbon shobu,* wo sich Gegner drei Mal duellieren, um den Gewinner zu ermitteln.

6

Während eines Duells wird man lange, gleichmäßige Atemzüge kaum aufrechterhalten können. Doch bei Verwendung scharfer Klingen ist genau darauf zu achten, diese mit behänden Bewegungen zu kombinieren.

7

Im Kampf gegen mehrere Gegner versichere dich, hinter dir genügend Raum für einen Rückzug zu haben. Egal ob jemand dich von vorn oder hinten angreift, schlage ihn nieder und bewege dich dann zurück. In diesem Rhythmus fahre fort.

8

Wenn deine Gegner dir mit Schwertern und Speeren bewaffnet in gerader Linie hintereinander entgegenkommen, bewege dich sofort auf deren rechte Seite. Von dort greife an und löse so ihre Formation auf.

9

Greifen dich Gegner von drei Seiten aus an, schlage zunächst den Gegner direkt vor deiner Nase. Setze die Vorwärtsbewegung fort, bis du dich hinter diesem befindest, und drehe dich dann um. So wird die Dreiecksformation der Gegner aufgelöst.

10

Bei Gegnern auf allen vier Seiten achte auf einen, der eine Gelegenheit zum Angriff *(suki)* bietet. Schlage ihn und brich so aus der Einkreisung aus. Dann drehe dich um und widme dich den anderen.

11

Vor einem Kampf müssen die eigenen Truppen eins im Geist sein. Davon hängen Sieg oder Niederlag ab. Das „Buch Zhou“ meint hierzu: „Wo die Stärke gleich ist, ermesse die Tugend der Kontrahenten; wo die Tugend gleich ist, ermesse ihre Rechtschaffenheit. Mein Gegner hat hunderttausende Offiziere, doch diese wiederum hunderttausende Geister. Ich habe nur dreitausend Soldaten, aber sie sind von einem Geist.“

12

Die Befehle des Kommandanten dienen ihm wie Hände und Füße und bringen seine Einstellung und seinen Mut zum Ausdruck. Dies führt zu Gehorsam und patriotischer Aufopferung *(kikkyû jin-sui)* der Soldaten. Wei Liaozi (481-403 v. Chr.) schrieb dazu: „Hunderttausend Soldaten, die Befehlen nicht nachkommen, sind nicht so gut wie zehntausend, die kämpfen. Doch auch diese werden noch von hundert Mann übertroffen, deren Kampfgeist wahrlich entfacht wurde."

13

Man darf die Warnung nicht ignorieren, nie eine große Streitkraft mit einer kleinen anzugreifen. Doch gilt auch, niemals die große Streitkraft zu fürchten und die kleine zu unterschätzen. Wenn es um Leben und Tod geht, du in deine tiefste Seele vorgedrungen bist und eine Entscheidung gefällt hast, kannst du auch als Einzelner zehntausend Menschen zu Feiglingen machen. Vermittelst du diese Einstellung an andere, kann auch ein kleiner Trupp einen großen bezwingen.

14

Bei jeder Kunst gibt es Vorstellungen, wie sie auszuüben sei, und die tatsächliche Anwendung. Diese beiden Aspekte sind harmonisch. In einem späteren Stadium werden die inneren Mysterien einer Kunst *(myô)* offenbart. Ein Bogenschütze ist dann in der Lage, bei hundert Schüssen hundert Mal tödlich zu treffen. Ein Reiter sieht sich nicht mehr vom Pferd unterm Sattel getrennt. Ein Verteidiger verbirgt sich auf der neunten Stufe unter der Erde, während ein Angreifer von der neunten Stufe des Himmels aus attackiert. All dies sind die inneren Mysterien der Kampfkünste. Man erlangt sie nur durch intensive Übung. Dann vergisst man sich selbst und auch die anderen, beides verschwindet. Über einem gibt es keinen Himmel, unter einem keine Erde mehr. Hinter einem stehen keine freundlich gesinnten Kräfte, vor einem steht kein Feind. Die Tiefe und Feinheit unserer Technik sollte einen bösen Geist davor bewahren, unsere Absicht zu erkennen. Der Philosoph Guan Yinzi schrieb: „Wer den Weg kennt, kann in Lungen und Leber eines anderen sehen. Er kann die Drachen und Tiger, die im Herz der Dinge weilen, für sich nutzen.“

15

Es ist anspruchsvoll, als Einzelner mehrere Gegner vor sich zu haben, oder als kleine Gruppe einer großen gegenüberzustehen. Darum musst du die Stärke der anderen genau einschätzen lernen. Wie Sun Tzu schrieb, sollst du deinen Gegner so kennen wie dich selbst. Diese Fähigkeit General Imakawas hat einst Oda Nobunaga zum Sieg in der Schlacht von Okehazama (1560) verholfen. Vor der Entscheidung für Angriff oder Rückzug muss auch das Gelände sondiert werden. Sun Tzu meinte, die eigene rechte Positionierung sei von entscheidendem Vorteil, und sich auf bereits verlorenes Land zu begeben würde zur Niederlage führen. Li Bai (701-762) schrieb in einem Gedicht: „Ein Wächter an einem Durchgang kann eine Armee aus zehntausend Soldaten abwehren.“

16

Die Schwertkunst ist nicht im Voraus festgelegt, sie ist ständig im Fluss. Je nach Gegner sollte deine Antwort variieren. Du kannst eine bekannte Angriffsvariante wählen oder eine überraschende. Du kannst antäuschen und dann die wahre Attacke führen. Der Kreislauf von Überraschungsangriff, Standardattacke, täuschendem und wahrem Angriff hat kein Ende. Es gibt unzählige Wege, den Gegner zu attackieren oder zu parieren. Das Restliche wird mündlich vom Lehrer überliefert *(kuden)*. In einem alten Vers heißt es, der Mond habe nicht die Absicht, im Wasser gespiegelt zu werden, das Wasser wiederum nicht die Absicht, den Mond zu reflektieren. Wenn du im Schwertkampf dem Mond deines Herzens erlaubst, im Wasser gespiegelt zu werden, wirst du niedergeschlagen. Nur in einem Geist ohne Gedanken und ohne Furcht kann die Tigerkralle keinen Halt finden.

---

[1] Das Werk war unbetitelt und wurde später vom Musashi-Kenner Professor Uozumi Takashi so genannt. Siehe Uozomi Takashi: *Miyamoto Musashi: Nihonjin no michi* (Tokio 2002).

[2] Tatsächlich sind es 36 Abschnitte.

[3] Auch : *Heihô*.

[4] Ein Zen-Ausdruck für die Wahrheit, die nicht durch Worte und Logik erfasst werden kann.

[5] Die Stelle etwa ein Drittel unterhalb der Schwertspitze, die den Gegner schneiden soll.

[6] *Yin* meint hier, dass das Schwert angehoben ist.

[7] Erst wird das Schwert wie zum Stoß angehoben *(katsu)*, dann zum Schneiden gesenkt *(totsu)*. Die Begriffe entstammen dem Zen, wo *katsu!* ein Schrei ist, der das diskursive Denken beenden soll und die Unmöglichkeit ausdrückt, die Wahrheit in Worte zu fassen; *totsu!* beendet sogar noch das *katsu!*.

[8] *Yang* verweist hier auf ein gesenktes Schwert.

[9] Die Lesart der Ideogramme, die Musashi benutzt, ist „ein Schwert aus der Hand entlassen", im Gegensatz zu den Schriftzeichen für die bekannten Wurfsterne *shuriken* („in der Hand verborgene Klinge").

[10] *Jitte* ist eigentlich eine kreuzförmige Waffe; Musashi verwendet den Ausdruck wohl, weil bei seiner Technik des Festnehmens Kurzschwert und Scheide ein Kreuz bilden.

[11] In späteren Schriften Musashis *jikidô* genannt, was in etwa das Gleiche bedeutet.

[12] Auch als Kôbô Daishi (774-835) bekannt, Begründer der esoterischen Shingon-Schule des japanischen Buddhismus.

[13] Musashi änderte den Namen später in *Nito Ichi-Ryû* und *Niten Ichi-ryû*.

[14] Ein Titel, der Musashis Vater verliehen worden war.

[15] *Enkyoku tachisuji no koto* entspricht *chûdan* im „Buch der fünf Ringe".

[16] *Jôdan* im „Buch der fünf Ringe".

[17] *Gedan* im „Buch der fünf Ringe".

[18] Trotz der Lesart „rechts" für das Schriftzeichen von „u" ist dies offensichtlich *hidari-waki* im „Buch der fünf Ringe"; es handelt sich wahrscheinlich um ein Missverständnis bei der

Abschrift, das nach dem Tode Musashis nicht mehr zu klären war.

[19] *Migi-waki* im „Buch der fünf Ringe".

[20] Bei diesem in vielen Schulen verbreiteten Stand wird das Schwert horizontal gehalten, der Griff ist in Augenhöhe, die Schneide zeigt nach oben und die Spitze zum Gegner.

[21] *Jiki:* direkt, sofort, geradheraus; *tsû:* Kommunikation, auch: Übernatürliches.